Anneliese Ude Betty

Anneliese Ude

BETTY

Protokoll einer Kinderpsychotherapie

Deutsche Verlags-Anstalt

Karl Tornow in dankbarer Verehrung gewidmet

ISBN 3 421 02679 3

Umschlagentwurf: Klaus Dempel, Stuttgart
Gesamtherstellung: Friedrich Pustet, Regensburg
Grafischer Großbetrieb
Printed in Germany

5678089754321

Inhalt

Vorwort

In diesem Buch spricht ein Kind zu uns über seine Angst und Not. Wo seine Worte nicht mehr ausreichen, vermitteln erschütternde Bilder das Unaussprechliche, Unbeschreibbare und bringen dem Kind gleichzeitig Erleichterung und Befreiung. Dem Beschauer gewähren sie einen Einblick in die verborgenen Tiefen des Unbewußten.

Betty ist die Geschichte eines Kindes, das sich in einer beinahe zweijährigen psychotherapeutischen Behandlung allmählich aus seinem inneren Gefängnis, seiner seelischen Isoliertheit wieder herauskämpfen und zu einem normalen Leben finden konnte. Der Weg dorthin vollzog sich in so winzig kleinen Schritten, daß oft der Eindruck des Auf-der-Stelle-Tretens oder gar Rückschreitens entstand. Am Ende der Behandlung können wir aber den großartigen, vom Kind geleisteten Entwicklungsprozeß überschauen, der wie ein weiter Brückenbogen zwei Lebenshaltungen überspannt, die ihren Ausdruck in den beiden auf dem Buchumschlag abgebildeten Zeichnungen gefunden haben, im Bild des gekreuzigten und des tanzenden Mädchens.

In der Zeit, die zwischen der Entstehung dieser beiden Bilder liegt, wurde der große Konflikt zwischen Todes- und Lebenstrieb verarbeitet: Schwerste Verlust- und Verfolgungsängste, gar Ängste vor der eigenen Spaltung wurden überwunden; aus Haß wurde Liebe möglich und damit der Weg frei für die Entwicklung zu einem sozialen Wesen.

Das therapeutische Geschehen wie auch der Dialog zwischen Kind und Behandler konnten wahrheitsgetreu und wörtlich wiedergegeben werden, da wegen der ernsthaften psychischen Störung des Kindes sofort nach jeder Stunde präzise protokolliert wurde. An eine Veröffentlichung wurde zu dieser Zeit nicht gedacht. Um einen flüssigen Bericht zu erhalten, mußten Wiederholungen gestrichen und der Behandlungsablauf gestrafft werden. Es wurden aber keine Worte verwendet, die Betty oder ihre Eltern nicht ursprünglich gebraucht hatten. Aus begreiflichen Gründen wurden jedoch sämtliche Namen verändert.

Dafür, daß Bettys Eltern uneigennützig die Einwilligung zur Veröffentlichung dieser Arbeit gaben, gebührt ihnen mein ganz besonderer Dank. Ohne Annemarie Sänger, Heidelberg, der ich meine Ausbildung verdanke, wäre dieses Buch nicht geschrieben worden; ihr bin ich zu tiefstem Dank verpflichtet, wie auch Herrn G. Scheffler, Heidelberg, dafür, daß er zu häufigen Aussprachen über therapeutische Probleme bei diesem schwierigen Fall bereit war.

Hamburg, im Dezember 1974 Anneliese Ude

Elterngespräch

Betty ist kaum sechs Jahre alt und leidet doch schon an sich selbst und ihrer kleinen Umwelt, die aus Vater, Mutter, dem zweijährigen Bruder Sebastian und dem Kindermädchen Lisa besteht. Aber auch diese leiden unter Betty.

»Was ist nur los mit Betty?« so fragt mich Bettys Mutter im ersten Elterngespräch, »dieses Kind zerrt an meinen Nerven, erschöpft meine Geduld und nimmt mir die letzten Energien. Nicht einmal des Nachts gibt sie Ruhe, raubt mir meinen Schlaf, weil sie zwischen ihren Eltern liegen will. In letzter Zeit bettet sie sich vor unsere Schlafzimmertür, weil ich ihr verboten habe, zu uns zu kommen.

Am Tage macht sie um nichts schreckliche Szenen, wirft sich vor Wut auf die Erde, schreit und schlägt mit dem Kopf auf den Fußboden, so, als ob sie sich selbst Schmerzen zufügen wolle. Sie reißt sich die Haare aus, zieht sich die Kleider vom Leibe, will nackt umherlaufen, weil es ihr zu heiß sei.

Ihren kleinen Bruder haßt sie, unkontrolliert schlägt sie auf ihn ein, so daß man ihn schützen muß.

Sie ist lieblos auch mit ihren Puppen, mit denen sie nicht spielt, sie nur häßlich macht und ihnen die Augen ausdrückt.

Auch von mir will Betty keinerlei Zärtlichkeit . . . Sie will keine geben und keine nehmen. Sie ist gefühlskalt.

Wir fragen uns oft: Ist dieses Kind noch normal?«

Wieviel muß vorausgegangen sein, bevor eine Mutter eine so schwerwiegende Frage stellen kann? Man spürt deutlich, daß ihre Frage nicht nur so als Phrase dahergeredet war, sondern daß da-

hinter eine große Sorge stand.
Es kommt zum längeren Schweigen. Mein Blick fällt auf eine große Kiste, die der Vater mitgebracht und vor sich hingestellt hat.
»Das sind alles Bettys Zeichnungen«, erklärt er, »die Sie mich gebeten hatten, mitzubringen. Es sind ungefähr fünfzehnhundert Stück . . . Ich habe sie gesammelt, mit Daten versehen und auch manchmal darunter geschrieben, was es nach Bettys Meinung sein soll.
Es müßte doch sicherlich interessant sein«, fährt er fort, »sich anhand der Zeichnungen tiefer in die Seele Bettys hineinzudenken.«
Ich ziehe aus dieser erstaunlich umfangreichen Sammlung von Zeichnungen ein Bild heraus. Es unterscheidet sich von den anderen, da es zu einer dicken Papierrolle zusammengewickelt ist. Beim Auseinanderrollen zeigt sich zunächst ein riesiger Totenkopf mit hohlen Augen. Daran hat Betty elf rot bemalte Zeichenblätter geklebt, sozusagen als Leib, wodurch das Ganze eine Länge von 3,60 Meter hat.
Wir betrachten gemeinsam dieses vor uns ausgerollte Gespenst. Würde es aufrecht stehen, paßte es nicht in mein Wohnzimmer.
»Man kann Angst davor bekommen«, meint die Mutter, und der Vater bemerkt, daß Betty mit Vorliebe Totenköpfe und Gespenster male, von denen Dutzende in der Kiste liegen.
Schaurig ist ein Knochenmann mit einer Tauchermaske, der in ein tiefes Wasser abzusacken scheint, oder ein strangulierter Totenmann (siehe Bildanhang, Bild 1) oder ein Totenmann mit daneben liegenden, abgehackten roten Gliedern (Bild 2).
Dann fällt mein Blick auf einen gespenstisch aussehenden, riesigen Kopf, an dessen beiden Ohren zwei schwarze Kinderskelette hängen (Bild 3). Wieder schauen aus dem Gesicht zwei tiefschwarze, furchterregende Augen. Die auf das Riesenmaul geschriebenen Zahlen betonen noch stärker das Unwirkliche, Geisterhafte, Dämonische des Bildes.
Viele, viele ähnliche Bilder folgen. Da hängen zum Beispiel wieder Kinderskelette an einem schwarzen Gerüst (Bild 4). Sie wer-

den umschwommen von sieben Krokodilen, und ein riesiges Gespenst mit schwarzen, hohlen Augen verstellt jeden Ausweg.
Auf einer anderen Zeichnung beherrscht ein tiefschwarzer Geier in überdimensionaler Größe die Szene (Bild 5). Ein schwarzes Maschennetz umschließt zwei gefangene Kinder unter dem unheimlichen, alles durchdringenden Blick des schlitzförmigen Geierauges. Welches Gefühl der Ausweglosigkeit, Bedrohung und Angst müssen das Kind bedrängt haben, als es dieses Bild malte!
»Wie viele Bilder, sagten Sie, sind in dieser Kiste?« frage ich den Vater. »Eintausendfünfhundert? Und nur unheimliche, schaurige Gebilde, gemalt von einem kaum sechsjährigen Kind?« Er nickt mit einem verlegenen Anflug von Stolz.
Ein Zitat von Max Beckmann kommt mir in den Sinn: »Ich habe gezeichnet; das sichert einen gegen Tod und Gefahren.«
Das gilt auch für Betty. Sie mußte malen, vom Unbewußten her, um zu überleben, um nicht von den erschreckenden Bildern, die hier vor uns ausgebreitet liegen und ein Spiegelbild ihrer inneren Ängste sind, überflutet zu werden. Ich verstehe, daß sie nicht schlafen konnte, denn ihre am Tag gemalten Bilder verfolgten sie auch in den Träumen der Nacht.
Wie aber konnte es möglich sein, daß Bettys Mutter auf dieses erschreckende Malen, auf diese SOS-Rufe nicht reagiert hatte? Denn vom Vater allein war der Wunsch nach einem Gespräch über Betty ausgegangen.
Aber es ist noch zu früh, solche Fragen zu stellen. So bitte ich die Eltern, mir doch einmal zu erzählen, wie sich die Angst bei Betty im täglichen Leben äußert und wovor sie Angst hat.
Die Mutter beginnt: »Nun, Betty hat, wie ja heute so viele Kinder, Angst vor der Dunkelheit, Angst vor dem Alleinsein, Angst vor bösen Geistern und Gespenstern, ja und sogar Angst vor bösen Augen.«
»Und wann ist die Angst vor bösen Augen zum ersten Mal aufgetreten, Frau Bonsart?«
»Mein Mann und ich wollten in Urlaub fahren«, berichtet die Mutter weiter, »Betty war zweieinhalb Jahre alt. Wir brachten sie zu einer Tante . . . Ich habe sie sehr ungern dorthin gegeben, weil

sie eine unbeherrschte Frau war ... Betty war dort vierzehn Tage ... Sie hat auf die Trennung sofort mit Brechdurchfall reagiert ... Als ich sie abholte, sah sie sehr matt und elend aus ... Sie hat immer so still vor sich hingelitten. Ungefähr um diese Zeit, so in der zweiten Hälfte des dritten Lebensjahres, ist die Angst vor bösen Augen, wie Betty selbst geäußert hat, zum ersten Mal aufgetreten und hat sie dann nicht mehr verlassen.«

Ich ziehe ein anderes Bild hervor, das Betty mit den Worten: »Ein großer Geist beißt Kind ins Blut« kommentiert hat (Bild 6).

Welche Angst vor den dämonischen, bohrenden Augen und vor dem langen, spitzen Schnabel, der in das Kind so hineindringt, daß Blut aus der Wunde fließt, spricht aus diesem Bild!

»Oder schauen Sie sich diesen Mädchenkopf an« (Bild 7), fahre ich fort.

Wieder die übergroßen Augen, aus denen gelbe Strahlen wie giftige Tränenströme fließen. Ein langer, pfeilartiger Strich dringt in die geöffnete, violett gemalte Mundhöhle ein. Auf der Zeichnung dominiert der Kopf, der Körper ist auf nur wenige Striche reduziert. Aus dem Kopf »wachsen Mäuse«, wie Betty dazu geäußert hat. Von unten nach oben sollen Spinnen in den Kopf laufen.

Das nächste Bild, welches die Mutter hervorzupft, nannte Betty »Kaputte Puppen« (Bild 8). Mit einem erstaunlich sicheren Strich hat Betty hier wieder, wie auch auf den Bildern 3, 4 und 5, zwei Kindergestalten unter einem riesigen, übermächtigen Auge dargestellt. Für Betty waren sie willenlos und damit Ich-los; denn sie zeichnete sie als Puppen, die ja nicht leben, sondern mechanisch bewegt werden. Und Betty hob deren Leblosigkeit noch dadurch hervor, daß sie die Gestalten als »Kaputte Puppen« bezeichnete.

»Nun«, so fahre ich fort, »zeigt Betty außer ihrer Angst, ihren Schlafstörungen, Wutanfällen und ihren Haßgefühlen dem kleinen Bruder gegenüber noch andere Auffälligkeiten?«

Die Eltern weisen auf Eßschwierigkeiten hin, sie zeige oft starke Ekelgefühle beim Essen. Stuhlverstopfung habe sie schon seit ihrer Säuglingszeit, und lange habe sie am Daumen gelutscht.

»Und wann hat sie damit aufgehört?«

»So mit dem fünften Lebensjahr. Ich erinnere mich«, sagt Frau

Bonsart, »daß ich nach Rückkehr von einer Reise ganz erstaunt war, daß Betty das Daumennuckeln aufgegeben hatte. Das Kindermädchen hatte es ihr abgewöhnt.«
»Abgewöhnt, etwa durch Verbote?« frage ich zurück. »Das Daumenlutschen ist ja für das Kind ein Trost, ein Ersatz für etwas, das es nicht hat. Vielleicht sogar für die abwesende Mutter.«
»Sicherlich steckt das dahinter«, meint Frau Bonsart, und mit einem tiefen Seufzer fügt sie hinzu: »Aber die Kinder sind ja nie allein gewesen, immer war ein Kindermädchen da.«
»Immer das gleiche?«
»Natürlich mußten wir manchmal wechseln, leider waren sie auch nicht immer gut. Als Betty zum Beispiel drei Jahre alt war, hatten wir ein siebzehnjähriges Mädchen. Sie war aus einem schlechten Elternhaus, der Vater war ein Trinker. Sie blieb zwei Jahre. Betty hat von ihr einmal gesagt: »Man muß sie hauen und verbrennen.«
»Und wie viele Mädchen hatten Sie inzwischen?«
»Insgesamt vier . . . Aber ich bin doch auch noch viel zu Hause, ich habe zwar meine Praxis, doch ich übe sie zu Hause aus,so daß die Kinder mich in ihrer Nähe wissen.«
»Aber wenn man so eine Arbeit wie Sie ausübt, über Paragraphen und Vorschriften nachzudenken hat, ist dann eine Störung nicht sehr belastend?«
»Das ist es ja eben«, erwidert Frau Bonsart spontan. »Ich fühle mich auch oft ganz zerrissen. Dann muß ich einfach mal wegfahren, allein oder mit meinem Mann zusammen.«
»Das kann ich schon verstehen«, bemerke ich, »dann kommen Sie erholter und ausgeglichener zurück. Doch die Kinder sind dann allein mit dem Mädchen.«
»Aber muß man denn sein ganzes Leben von morgens bis abends für die Kinder da sein?« fragt der Vater.
Ich warte eine Weile, lasse bewußt diese Frage länger im Raum stehen und frage dann zurück:
»Wieviel Zeit, wie viele Stunden haben Sie in dieser Woche für Betty gehabt?«
Herr Bonsart lehnt sich zurück, er scheint nachzudenken, sich

ehrlich dieser Frage zu stellen und gibt dann zur Antwort: »Wenn ich ehrlich bin, ... keine ... ich habe sie kaum gesehen.«
Keiner spricht, es entsteht eine lange Pause. Es ist, als ob sich in dieser kurzen Zeit schon so etwas wie ein Bewußtwerdungsprozeß anbahnt, der immer schmerzvoll, immer mit etwas Verzweiflung verbunden ist, weil damit gleichzeitig Schuldgefühle lebendig werden.
Es kommt dann zu einem ausführlichen Bericht der Mutter über Schwangerschaftsverlauf, Geburt und Frühgenese des Kindes. Dabei fanden sich keinerlei Hinweise auf eine Hirnstörung. Auch konnten sich die Eltern nicht erinnern, daß in beiden Familien, bis zu den Großeltern, Anzeichen, die auf ein psychiatrisches Erbleiden schließen ließen, aufgetreten seien. Außer Stuhlverstopfung seit frühester Säuglingszeit soll Betty keinerlei Kinderkrankheiten gehabt haben.
Bei diesem Erstgespräch vergeht die Zeit wie im Fluge. Ich schaue auf die Uhr und bin froh, eine Doppelstunde angesetzt zu haben. Ich wollte noch mehr über Betty hören, über die erste Säuglingszeit, über die erste Mutter-Kind-Beziehung, die entscheidend dafür ist, ob das zunächst noch lebensabgewandte Neugeborene allmählich durch die liebende, gebende Mutter eine positive Lebenszuwendung erreicht. Denn nur so kann der Säugling sein Urvertrauen zur Umwelt und zu sich selbst finden und der Drang zur Entfaltung, der Trieb zum Leben die Oberhand gewinnen, um so die Tendenz zur Regression, zum Zurückwollen in den Urzustand, in den Mutterleib zu überwinden. Bei Betty war diese Tendenz wohl noch stark vorhanden, sonst hätte sie kaum so viele Embryobilder malen können oder, besser, malen »müssen«, von denen wir eines (Bild 9) gemeinsam näher betrachten: Es zeigt einen mit schwarzen, schwungvollen Strichen gemalten Embryo, von roter Farbe umflossen und noch an einer langen Nabelschnur hängend. Auch in den anderen Embryobildern kehrt die lange Nabelschnur immer wieder. Betty hat sich innerlich noch nicht »abgenabelt«. Sie hat noch nicht die befreiende Zuwendung zum Leben gefunden, ohne die der Lebenstrieb den Todestrieb nicht

überwinden kann. Wie konnte es dazu kommen?
»Im Wochenbett erfuhr ich«, berichtete Bettys Mutter, »von dem Tod meiner Stiefmutter, die mir viel bedeutet hat. Ich bin dadurch körperlich und seelisch zusammengebrochen, litt unter Depressionen. Es konnte zu keiner rechten Freude am Kind kommen ... Ich hatte einfach keine Kraft, konnte es auch nicht stillen.
Ich war in den ersten zwei Jahren völlig überfordert, da ich auch noch für den Haushalt meines Vaters sorgen mußte ... Erst als Betty neun Monate alt war, bekam ich meine erste Hilfe. Sicherlich hat Betty im ersten Jahr von mir zu wenig Liebe empfangen, andererseits bin ich oft zum Kind gegangen, weil es mir in meinem schlechten Zustand Trost gegeben hat.«
»Das Kind hat Ihnen also mehr gegeben als Sie ihm?«
Dazu schweigt die Mutter.
Wir kommen dann zur Reinlichkeitserziehung.
»Nun, damit habe ich schon sehr früh begonnen«, berichtet die Mutter mit gewissem Stolz. »Mit sieben Monaten habe ich Betty auf den Topf gesetzt. Es schien ihr eine Wohltat zu sein, da sie doch seit dem ersten Tag unter hartem Stuhl litt. Betty war also schon sehr früh sauber ... ich glaube schon mit eineinhalb Jahren. Allerdings habe ich ihr viel später noch oftmals Klapse geben müssen, da sie anfing, ihren Urin in Puppentassen zu füllen und über den Teppich zu gießen.«
»Und wie sah die Trotzphase aus?« erkundige ich mich.
Spontan kommt die Antwort: »In der Trotzphase lebt sie heute noch ... Wir beide leben in einem ständigen Kampf miteinander. Es geht fast immer um Kleiderfragen.«
»Und wie sieht so ein Kampf aus ... Können Sie mir ein Beispiel geben?«
»Es war schon immer so. Als Betty drei Jahre alt war – ich weiß es noch wie heute –, wir machten Urlaub auf Mallorca und wollten mit einem Schiffchen fahren. Betty sollte ein Matrosenkleid anziehen, sie aber wollte lieber eine alte Hose tragen. Während der ganzen Reise hat sie geschrien, hat sich an den Hosen ihres Vaters angeklammert. Sie war einfach nicht zu beruhigen. Man konnte glauben, sie sei nicht mehr normal.«

»Und was hat Betty nun angezogen auf der Reise, das Matrosenkleid oder die Hose?«
»Das Matrosenkleid natürlich!« Frau Bonsart fährt fort: »Aber diesen starken Widerstand zeigte sie noch mit viereinhalb Jahren. In diesem Alter wollte sie nur eine Indianerin sein, Indianerkleider tragen, sich Indianerzöpfe machen und sich wie eine Indianerin schmücken. Sie lehnte sich jedes Mal auf, wenn sie ein anderes hübsches Kleid anziehen sollte . . . Aber so ist es auch noch heute. Wir standen und stehen im ständigen Kampf um Kleiderfragen.«
Ich blättere so nebenher etwas in den Zeichnungen und ziehe wieder eine Serie von Bildern heraus, die einen tieferen Einblick in das von der Mutter soeben erörterte Problem geben. Ohne Worte reiche ich diese Bilder den Eltern, um abzuwarten, ob und wie sie die erschütternde Bildersprache Bettys verstehen.
Da hängt ein Indianermädchen mit langen Zöpfen am Kreuz (Bild 10). Ein weiteres, thematisch gleiches Bild zeigt Betty als Indianermädchen mit abgehackten Händen auf einem lodernden Scheiterhaufen.
Wir betrachten nun zu dritt schweigend Bettys Bilder. Dann meint Frau Bonsart: »Wo sie das alles nur gesehen hat?« Während der Vater häufig seine Bewunderung für Bettys Zeichentalent ausdrückt, mein Frau Bonsart: »Ja, Betty hat sehr viel Phantasie.«
»Vielleicht will sie aber auch ihre innere Not mit den Bildern darstellen«, füge ich hinzu.
Der Vater hält Bettys Zeichnung in der Hand. Sein Gesichtsausdruck verändert sich und verrät etwas von Sorge:
»Dann wäre also dieses ans Kreuz geschlagene Indianermädchen eine Selbstdarstellung? Meinen Sie das?«
»Ihre Schilderungen sprechen dafür . . . Betty schlägt mit dem Kopf auf den Fußboden, reißt sich die Haare aus, so, als ob sie sich zerstören wollte, sagten Sie selbst.«
Wir schauen uns nun eine ganze Serie von Bildern an, die alle die gleiche erschütternde Aussage machen wie die Zeichnungen der gemarterten Indianermädchen. Es sind von Pfeilen durchbohrte Bäume, riesige Meeresungeheuer, Haie, Krokodile, die mit auf-

gerissenen Mäulern sich alle nach links in den Raum bewegen.
Mit großem Interesse und etwas erschreckt betrachten die Eltern nun die Bilder. »Es ist wirklich auffallend«, stellt Herr Bonsart fest, »daß sich die aggressiven Tiere alle von rechts nach links bewegen. Liegt darin auch eine unbewußte Aussage?«
»Im Sinne der Symbolik[1] bedeutet links[2] die unbewußte Welt, das ›Ich‹, und rechts die bewußte Welt, das ›Du‹«, antworte ich. »Also würde der Angriff von rechts nach links als ein Zeichen von Selbstzerstörung, von nach innen, gegen sich selbst gerichteter Aggression gedeutet werden können. Sobald in einer Behandlung der Aggressionsstau gelöst werden kann, so daß die Aggression abfließt, wird Betty wahrscheinlich all diese aggressiven Tiere von links nach rechts malen. Vielleicht wird sie aber auch ganz mit dem Malen aufhören oder es zumindest reduzieren, weil nach Auflösung der unbewußten Probleme die symbolische Darstellung für sie keine zwingende Notwendigkeit mehr ist.«
Dieser Hinweis scheint nun wiederum den Vater sehr zu beunruhigen: »Mit dem Malen aufhören . . . Das wäre ja schade. Wird eine psychotherapeutische Behandlung nicht doch eine negative Auswirkung auf die Person haben? Sind nicht gerade alle großen Werke der Kunst durch einen solchen psychischen Druck entstanden?«
Nun fällt ihm die Mutter ins Wort: »Aber es ist doch viel wichtiger, ein glückliches Kind zu werden. Wenn ich an meine Kindheit denke, eine solche Behandlung hätte mir auch gut getan.«
Und nun beginnt sie spontan davon zu erzählen. Es sind Erlebnisse, die für den Erwachsenen vielleicht Bagatellen sind, ein Kind aber so tief verunsichern, verletzen können, daß sich daraus kaum zu überschätzende Folgen für das ganze Leben ableiten.
Ihr Vater war ein bedeutender Dirigent, zu dem sie jedoch immer nur eine kühle Beziehung gehabt hat. Die eigene Mutter verlor sie im Alter von sechzehn Jahren. Frau Bonsart spricht dann von einer sehr unruhigen Kindheit: »Ich hatte keine Möglichkeit, Wur-

1 Siehe zum Beispiel Jolande Jacobi: *Vom Bilderreich der Seele.* Olten 1969.
2 In diesem Zusammenhang ist es interessant, darauf hinzuweisen, daß das lateinische Wort *sinister* gleichzeitig links und unheilvoll bedeutet.

zeln zu schlagen; denn jedes Jahr sind wir umgezogen, jedes Jahr begann für mich ein neuer Kampf mit neuen fremden Städten und neuen Schulen, mit neuer Umgebung. Als Kind war ich außergewöhnlich klein, ja winzig geradezu. Entsetzlich war es mir – und diese Erlebnisse sind mir unvergeßlich –, wenn mich der Lehrer mit einer Hand griff, wie eine Puppe in die Höhe hob, mich als Kleinste der Klasse zur Schau stellte und die anderen Mädchen in Gelächter ausbrachen. Es war für mich ein Schock. Ihr Gelächter war mir zuwider wie überhaupt all das Gebaren der Mädchen, die ihre Unbehaglichkeiten einfach mit Heulen abreagieren konnten. Ich mußte immer nur kämpfen, konnte nicht so sein wie sie, ich habe die Mädchen gehaßt. Es ist mir darum auch schwer geworden, die Mädchenrolle anzunehmen. Ich weiß, daß ich mich bis zum neunten Lebensjahr dagegen aufgelehnt habe.«

Nur bis zum neunten Lebensjahr, frage ich mich im stillen. Hatte sie nicht noch vor wenigen Minuten selbst gesagt: »Wir leben noch heute in einem ständigen Kampf miteinander«? Ist die unbewußte Motivation dieses Kampfes nicht die gleiche wie in ihrer Kindheit? Was sagte sie? »Ich mußte immer nur kämpfen, konnte nicht so sein wie sie, ich habe die Mädchen gehaßt.« Hier kam ein von ihr ungelöstes Problem zutage, das heute noch – ihr selbst unbewußt – ihr Verhalten zu Betty bestimmt.

Die Mutter wird nun beim Erzählen ihrer Kindheitserlebnisse immer lebendiger. Ich kann deutlich spüren, daß sich durch die Erinnerung ein Wiedererleben alter Gefühle vollzieht, die sie offenbar lange Jahre hindurch ins Unterbewußtsein verdrängt hatte. Nun wird mir auch klar, warum sie schon sehr früh im Leben gelernt hatte, ihre Intelligenz als Schutzwall aufzurichten: um sich gegen schmerzhafte Gefühle abzusichern, deren sie sonst nicht Herr werden konnte.

Die Blicke des Vaters sind während des Berichtes teilnahmsvoll auf seine Frau gerichtet. Vielleicht hat er auch seine Freude an ihrem äußeren Erscheinungsbild. Sie ist von grazilem Wuchs, hat eine normale mittlere Größe und wirkt in ihrem weichgeschnittenen Hosenanzug pagenhaft. Warme braune Augen beleben ihr feingeschnittenes Gesicht. Sie hat dickes, kurzes Haar und trägt

einen Pony. Das Ehepaar paßt äußerlich gut zueinander. Auch der Vater ist von schlankem, drahtigem Wuchs. Sein Gesichtsausdruck ist lebhaft, voller Anteilnahme, er strahlt Humor aus, ist manchmal schalkhaft. Im Vergleich zu seiner Frau wirkt er sehr spontan, lebendig und gefühlsbetont.
Nicht zu oft findet man bei einer Kinderbehandlung so günstige Vorbedingungen wie hier, wo sich das Elternpaar gemeinsam freiwillig zu einem Gespräch einfindet, beide ohne Scheu ihre »Karten auf den Tisch legen« und auch in angemessener Form reagieren, wenn sie sich im Wechsel – begleitet von humorvoller Selbstkritik – »den Schwarzen Peter« zuschieben.
Mut zu einer solchen Haltung gibt ihnen sicherlich die besondere Atmosphäre einer psychagogischen Gesprächsführung, bei der jeder spürt, daß er ein Mensch mit allen seinen Fehlern sein kann, bei der es nicht um Schuld oder Unschuld geht und keine moralischen Maßstäbe angelegt werden, bei der einem nach dem Abreagieren von Erregungen und Affekten die Umdeutung und Objektivierung eigener Fehlhaltungen leichter gelingt, zumal das Unbewußte im tiefsten Grunde um die Wahrheit der Zusammenhänge weiß. So kann sich dann allmählich ein innerer Wandlungsvorgang in der Tiefe vollziehen; die echten Gemüts- und Vorstellungskräfte ergreifen nach und nach den ganzen Menschen, die alleinige Herrschaft des Intellekts wird überwunden, und die Herausführung aus dem Teufelskreis der eigenen Rechtfertigung kann gelingen.
Die angesetzte Zeit für das erste Elterngespräch neigt sich dem Ende zu. Der Vater beginnt aber noch einmal in wenigen Sätzen über sich zu sprechen: »Glauben Sie nicht, daß sich bei Betty auch manches von selbst auswachsen kann? Ich will damit sagen, daß auch ich als Kind große innere Schwierigkeiten hatte. Ich finde mich mit allen meinen durchlebten Ängsten, ja, sogar mit der zeitweiligen Vorstellung, verrückt zu sein, oft in Betty wieder ... Lange Zeit«, so fährt er fort, »habe ich im Glauben gelebt, das Kind von Verbrechern zu sein. Das war ein qualvoller Gedanke, zumal ich mit niemandem darüber zu sprechen wagte, weil ich meinte, daß dann ja alles noch viel schlimmer werden würde.«

Herr Bonsart berichtet über seinen Vater, der ein Choleriker gewesen sei und dem beim Schimpfen fast die Augen aus dem Kopf gequollen seien.

»Wer weiß«, fährt er mit einer fragenden Handbewegung fort, »ob nicht auch meine übertriebene Freude am Rasen mit dem Auto mit all diesen Kindheitsängsten zusammenhängt?«

»Und auch deine Aggressionen«, fügt seine Frau schnell hinzu, »die immer beim Autofahren aufsteigen, wenn ein anderer Fahrer dir ins Gehege kommt. Ich finde diese Reaktion feige, denn außerhalb des Autos würdest du nicht schimpfen.«

Mit einer Mischung von Humor, Ernst und Abwehr gibt der Vater zu verstehen, daß er sicherlich mit gewissen Verhaltensweisen seiner Familie auf die Nerven falle, insbesondere auch mit seinem Ordnungszwang, der ihm sogar selbst manchmal lästig sei.

»Ich kann es aber nicht ändern«, fügt er mit einem tiefen Atemzug hinzu, »und versuche nun, das Beste daraus zu machen.«

Das Gespräch wechselt dann nochmals kurz zu Betty über. Betty ist mit vier Jahren in den Kindergarten gekommen.

»Hier zeigte Betty«, äußert die Mutter, »Kontaktschwierigkeiten, die sie aber zu überbrücken verstand, da sie durch Phantasiereichtum und gewisse Geschicklichkeiten die Führungsrolle an sich reißen konnte. Ich habe oft gewünscht, daß ihr dies nicht gelingen möge, da sie sonst ihre bereits entwickelten unangenehmen Charakterzüge wohl schwerlich wieder hätte abbauen können.«

»Es wäre Ihnen also lieber gewesen«, frage ich zurück, »wenn Betty im Kindergarten statt der Führungsrolle eine Nebenrolle oder sogar eine unterlegene Rolle gespielt hätte? Dann wäre ja die gleiche Situation entstanden wie auf Mallorca, wo Betty statt der von ihr geliebten Hose das Matrosenkleid anziehen mußte.«

Dazu schweigt Frau Bonsart. Der Vater aber hat sehr schnell diese Zusammenhänge erfaßt. Er reibt sich etwas schadenfroh die Hände und sagt offen, aber doch mit einem warmherzigen Ton: »Frauchen, Frauchen, in dieser Beziehung mußt du dich ändern. Dieser schreckliche Machtkampf zwischen euch muß aufhören, wenn Betty geholfen werden soll.«

»Das will ich ja auch.« Sie hebt die Arme und läßt sie gleich wieder fallen. »Aber das ist furchtbar schwer; wie kann man sich ändern?«

Die Behandlungstage für Betty werden festgelegt. Obwohl die Eltern zwanzig Autominuten von Hamburg entfernt wohnen, sind sie bereit, Betty zweimal wöchentlich zu mir zu bringen.

Die Eltern wohnen übrigens in der siebten Etage eines Hochhauses, wo Geschäftsleute ihre Büroräume, Mode- oder Photoateliers haben. Auch auf der Straße kann das Kind nicht spielen, findet es keine gleichaltrigen Freunde. So hat Betty bis zum Eintritt in den Kindergarten, also bis zum vierten Lebensjahr, die Zeit ihrer »Isolierung« hauptsächlich mit Malen verbracht.

Wir sprechen dann über eine neurologische Untersuchung des Kindes, mit der die Eltern ebenfalls einverstanden sind.

Den Schulreifetest hat Betty bereits abgelegt. In vier Wochen schon soll sie eingeschult werden.

Bei der Verabschiedung wirft der Vater einen Blick auf die Zeichnungen: »Wenn Sie möchten, können Sie diese gern hierbehalten. Nach alledem, was wir heute über die wenigen Bilder erfahren haben, werden diese Ihnen sicherlich noch zu weiteren Erkenntnissen verhelfen können.«

»Aber wozu nützt das schon? Was hilft es«, sagt Frau Bonsart, »wenn Sie Erkenntnisse aus diesen Bildern gewinnen können? Mich interessiert es, von Ihnen zu hören, wie Sie Betty wieder gesund machen wollen. Was geschieht denn überhaupt in so einer Behandlung?«

Ich schlage den Eltern vor, mit mir in den Behandlungsraum zu gehen, weil man dort diese Frage viel anschaulicher beantworten kann.

Hier schauen sich die Eltern recht interessiert um. Während sich der Vater sogleich in die Schaukel setzt, betrachtet die Mutter alles etwas ausführlicher: »Das ist ja ein herrlicher großer Spielraum . . . eine so große Wandtafel . . . ein Kaspertheater . . . ein richtiger Herd, auf dem man kochen kann . . . viele Gesellschaftsspiele . . . und ein großer Sandkasten . . . Schießgewehre und Boxhandschuhe mit einem Punchingball . . . Hier ein großes Puppenhaus . . .«

Frau Bonsart schaut mich fragend an: »Die Kinder sollen hier wohl spielen?«
Ich beantworte die Frage noch nicht sogleich, und die Mutter schaut sich weiter um. Nun fängt sie an zu lachen: »Aber was haben Sie denn hier, sogar einen Nachttopf? Gibt es denn hier keine Toilette?«
»Doch, die haben wir«, entgegne ich, »aber wenn das Kind sich gern noch einmal auf einen Nachttopf setzen möchte, dann kann es das auch tun.«
»Aber doch kein Kind in Bettys Alter? Sie denken sicherlich an sehr kleine Kinder?«
»Nicht unbedingt.«
»Ja und was haben Sie hier? Eine Nuckelflasche? Sollen die Kinder etwa daraus trinken?«
»Sie sollen gar nichts. Alles, was Sie hier im Raum sehen, ist nur ein Angebot. Das Kind kann, wenn es will, sich damit beschäftigen, damit spielen, wie Sie es nennen wollen, aber es wird zu nichts gezwungen oder irgendwie beeinflußt.«
»Ja und was machen Sie«, fragt die Mutter, »wenn das Kind nun gar nichts tut, wenn gar nichts geschieht?«
»Es geschieht immer etwas, auch, wenn äußerlich nichts geschieht!«
Die Mutter sieht mich ungläubig an: »Sie müssen ja eine unendliche Geduld haben!«
»Mit Geduld hat das gar nichts zu tun. Einer nur geduldigen Haltung würde kein Kind das nötige Vertrauen entgegenbringen, und ohne Vertrauen ist Therapie nicht möglich.«
»Das mit dem Vertrauen wird bei Betty ohnehin eine sehr schwierige Sache sein«, meint Frau Bonsart. »Aber vorausgesetzt, es glückt, wie geht es denn dann weiter?«
»Dann wird ein Kind zurückschreiten oder, wie wir in der Fachsprache sagen, regredieren auf frühere Entwicklungsstufen, wo es Störungen, Mangel, Frustrationen erlitten hat. Es wird so etwas wie einen nachtwandlerischen Weg zu den Wurzeln seiner frühesten Schwierigkeiten antreten, um – vielleicht im Trinken aus der Nuckelflasche oder in der Benutzung des Nachttöpfchens oder im

freien Spiel, der Möglichkeiten sind unendlich viele – die nicht voll ausgelebten Lebensphasen wieder aufzugreifen. Im Nach- und Neuerleben der damit verbundenen lustvollen oder auch qualvollen Gefühle kann es sich dann aus dem Gebundensein an diese nicht gesund durchlaufenen Entwicklungsphasen wieder befreien.«

»Das ist alles sehr schwer zu verstehen«, seufzte Frau Bonsart.

»Vielleicht kann ich es Ihnen mit einem Bild besser verdeutlichen. Stellen Sie sich vor, Sie haben sich beim Durchschwimmen eines Flusses in Schlingpflanzen der Flußsohle verhakt. Dieses Bild entspräche der Gebundenheit, der Fixierung an frühere Entwicklungsstufen, zum Beispiel an die orale[3] Phase. Dann würden Sie Schwierigkeiten haben, in dem Fluß weiterzuschwimmen oder sich auch nur über Wasser zu halten. Die Regression – das Zurückschreiten auf frühere Entwicklungsstufen – würde dann bedeuten, um bei diesem Bild zu bleiben, hinunterzutauchen und sich von den Verhakungen an den tiefer wachsenden Pflanzen zu befreien, so daß die ganze Energie wieder dem Schwimmen durch den Fluß, also der Bewältigung Ihrer eigentlichen Aufgabe zugeführt werden kann.«

»Und das Kind weiß, wie es diesen Weg zurückfinden soll?« fragt die Mutter skeptisch.

»Im Unterbewußtsein des Kindes ist dieser Weg vorgezeichnet. Alles, was das Kind hier tut, was es spielt, geht zwar im subjektiven Gefühl der Freiheit vor sich wie der Traum, der ja auch keinem Gebot, aber doch einer zwingenden inneren Notwendigkeit gehorcht.«

Der Vater hat nun die Schaukel verlassen und drängt zum Aufbruch. Dann fällt ihm noch ein, daß Betty eine ganz sonderbare Vorliebe für wabbelige Spieltiere wie Spinnen hat, denen sie mit einer Faszination die Beine ausreißt. »Ein sonderbares Verhalten ist das«, meint er nachdenklich.

Die Eltern verabschieden sich.

3 oral = den Mund betreffend; früheste Säuglingszeit.

Auszug aus dem Ergebnisbefund der neurologischen Untersuchung

Das Verhalten des Kindes während der Untersuchung war situationsgemäß. Das Kind war zugewandt und willig. Es machte einen aufgeschlossenen Eindruck. Die Intelligenz entsprach dem Lebensalter.

Zusammenfassung:

Der körperliche Befund ist regelrecht. Neurologisch finden sich keine Ausfälle.

Die Schilderungen der Mutter weisen auf eine Neigung zu neurotischen Reaktionsweisen, vorwiegend phobischer[4] *und anankastischer*[5] *Art.*

4 angsterfüllt

5 krankhafter Zwang, bestimmte Vorstellungen nicht unterdrücken zu können oder bestimmte Handlungen ausführen zu müssen, obwohl sie als widersinnig erkannt sind.

»Immer, immer muß man lieb sein . . .«

Um Betty das Gefühl zu nehmen, daß sie nur auf Anordnung der Eltern zu mir kommt, rufe ich sie an und lade sie zur ersten Spielstunde ein. Gleichzeitig will ich ihr auch damit etwas vom Gefühl der Fremdheit nehmen.

Sie reagiert auf meine Ansprache zunächst nicht, haucht aber dann doch nach einer Pause schon ins Telefon: »Ja, meine Mutter hat mir davon erzählt.« Der erste, wenn auch sehr schwache Kontakt mit Betty ist hergestellt.

Am nächsten Tag wird Betty von ihrer Mutter zur ersten Beobachtungsstunde gebracht. Ein für ihr Alter normal großes, hübsch gewachsenes Mädchen mit glatten braunen Haaren, blassem Gesicht, aus dem zwei große, ängstliche Augen mich scheu, sozusagen von der Seite her, anschauen. Es wird ihr schwer, sich von ihrer Mutter zu lösen: »Mami, Mami, Mami«, wimmert sie bei der Verabschiedung. »Wann kommst du wieder? . . . Wohin fährst du? . . . Holst du mich auch wieder ab?« . . .

Endlich kann die Mutter gehen. Wir stehen beide allein im Spielraum, Betty mit gesenktem Kopf und hängenden Schultern neben mir. Schweigen erfüllt den Raum. Schließlich setzt sie sich auf das Schaukelpferd.

Nach einer Weile des langsamen Hin- und Herwiegens fragt sie leise, ohne aufzublicken: »Wann kommt meine Mami wieder?«

Ich weise auf die große Uhr: »Wenn der Zeiger hier steht, ist deine Mami wieder da.«

Ich lasse ihr Zeit, sich beim Schaukeln zu beruhigen. Doch eine gewisse Spannung bleibt. Mit einem Ohr scheint sie immer nach draußen zu lauschen. Dann bittet sie ängstlich, ich solle das Fenster schließen, damit keiner hineinschauen könne. Im Hin- und Herschaukeln betrachtet sie die Gegenstände im Spielraum. Ich setze mich ihr gegenüber in die Schaukel, und das beiderseitige Schwingen hilft, die Fremdheit dieser ersten Begegnung zu überbrücken.

Eine ganze Weile verharren wir so in Schweigen. Sie betrachtet mich, läßt dann ihre Augen weiter durch den Raum wandern, verharrt schließlich bei einer im Regal stehenden Nuckelflasche:

»Kann man da auch Milch reintun?«

»Ja!« Ich zeige auf ein Paket Trockenmilch: »Davon kannst du dir selbst Milch machen.«

Sie seufzt und bittet zaghaft: »Ach, machen Sie es mir doch bitte.«

Ich fülle ihr die Flasche.

»Auch dieses drauftun!« sagt sie hilfsbedürftig und zeigt auf den Sauger.

Mit großem Genuß saugt sie nun die Milch und wiegt sich dabei auf dem Schaukelpferd.

»Sie haben es gut . . . Sie können sich selbst so schöne Milch machen!« . . .

Indem sie mich weiter anschaut, äußert sie: »Ach, Sie sind mir gar nicht so fremd.«

Nur, um ihr ein kleines Echo zu geben, erwidere ich: »Nun, wir haben ja auch schon miteinander telefoniert.«

Plötzlich kommt wieder Angst in ihr Gesicht: »Wer geht da an der Tür vorbei?« . . . Dann kurz darauf: »Ist da ein böser Mann?« . . . Wenig später: »Was will der böse Mann?« Ich beweise ihr jedes Mal durch Türöffnen, daß niemand da ist. Sie beruhigt sich wieder etwas.

Nach einigen Minuten des Weiterschaukelns zeigt sie auf einen Punchingball: »Was ist das?«

»Das ist ein Ball zum Boxen«, antworte ich und füge hinzu: »Wenn man will, kann man diese dicken Lederhandschuhe anziehen und dagegen boxen.«

Das wirft sie völlig aus dem Gleichgewicht. Mit weinerlicher

Stimme schreit sie: »Nein, nein, nein . . . man muß lieb sein, immer, immer muß man lieb sein!«
Sie wartet auf meine Bestätigung. Ich ziehe zweifelnd die Schultern ein wenig hoch: »Wenn man kann.«
Nun noch stärker beunruhigt, besteht sie darauf: »Immer, immer muß man lieb sein!«
»Nun«, sage ich, »es gibt Tag und Nacht, dunkel und hell, und es gibt auch lieb und böse.«
Meine Antwort scheint ihr offensichtlich unbehaglich. Sie verläßt das Schaukelpferd, um sich von mir abzuwenden, geht zur Kasperbude, greift zum Krokodil und läßt es vorsichtig den Rachen öffnen.
Ich lege meine Hand hinein.
»Keine Angst«, sagt sie, »es beißt nicht, es ist zahm!«
»Ein zahmes Krokodil?« Ich schaue sie zweifelnd an.
»Alle, alle Tiere sind zahm, auch hier der Wolf«, antwortet Betty und zeigt dabei auf einen kleinen Wolf, der inmitten vieler Gegenstände, Tiere und Personen im geöffneten Sceno-Kasten[6] steht.
»Wenn du magst, könntest du damit etwas bauen.«
Betty macht sich gleich an die Arbeit. In die Mitte der quadratmetergroßen Aufbaufläche stellt sie zunächst einen Tannenbaum, darunter legt sie das Baby. Mit einem Fuchs und einem Ganter umkreist sie es dann. Dazu sagt sie mit einem anhaltenden Zischlaut: »Jetzt kommt der böse Fuchs herangeschlichen.«
Ganter und Fuchs stehen hier symbolisch für ihre Haß- und Eifersuchtsgefühle dem kleinen Bruder gegenüber.
Anschließend befaßt sie sich länger mit dem Klosett und freut sich, daß es dazu auch eine Klo-Bürste gibt. Sie wühlt weiter im Sceno-Kasten herum, greift zum Krokodil und berichtet, daß sie zu

6 Mit Hilfe des Sceno-Kastens wird der sogenannte Sceno-Test durchgeführt. Er vermittelt in konkreter Form einen unmittelbaren Einblick in die innerseelische Einstellung der Versuchsperson gegenüber den Menschen und Dingen in der Welt, besonders in ihren affektiven Bezügen unter spezieller Berücksichtigung tiefenpsychologischer Faktoren. Die attraktive Wirkkraft des Spieltest-Materials beruht auf seinem Aufforderungscharakter, sich mit den nächsten Bezugspersonen in Form biegbarer Puppen und des vielseitigen anderen Materials in einer Miniaturwelt auseinanderzusetzen.

Hause eine wabbelige Spinne und viele wabbelige Tiere habe. »Ach«, sagt sie, »die mag ich so gern . . . ich habe ihnen die Beine ausgerissen . . . einfach ausgerissen, weil sie mich geärgert haben.« Ihre Stimme bekommt wieder etwas Zischendes.
Dann greift sie zur großen Kuh, betrachtet sie ein wenig und stellt sie ebenfalls in die entfernte Ecke der Aufbaufläche. Das bereits zur Seite gelegte Krokodil setzt sie direkt vor die Kuh und sagt: »Huuuuu, das wird jetzt gefährlich.«
Die Kuh ist ein Muttersymbol, das Krokodil dagegen stellt Bettys eigene Aggressionen dar. Betty bestätigt hier also ihr Verhalten den Spinnentieren gegenüber.
Sie gibt nun zu verstehen, daß damit der Aufbau beendet ist. Auf meine Frage: »Wo bist denn du in diesem Spiel?« kommt die Antwort: »Ich bin nicht da!«
Danach setzt sie sich wieder auf das Schaukelpferd. Das Hin- und Herwiegen scheint ihr gutzutun.
Um noch einige weitere Testfragen beantwortet zu bekommen, bin ich in dieser ersten Stunde aktiver als sonst. So greife ich jetzt zur Kasperpuppe und lasse den Kasper sich an Betty wenden: »Ein Kind wacht auf, schreit und sagt: ›Ich hatte einen bösen Traum.‹ Was mag es wohl geträumt haben?«
Betty bezieht diese Frage sofort auf sich. Sie wird ganz aufgeregt und antwortet: »Ich träume immer ganz ganz schlimm . . . von Gespenstern und bösen Geistern.« Sie beginnt zu stammeln: »Ich war mit der Mami . . . wir standen vor so was Dunklem . . . unter einer Brücke . . . da ist ein Neger gewesen, und dabei habe ich mich so gefürchtet . . . Ganz, ganz böse Augen hatte er . . .« Dann mit wimmernder Stimme: »Ich habe ja solche Angst vor bösen Augen . . . Immer, immer im Traum habe ich Angst.«
Der Bericht dieses Traumes scheint sie sehr erregt zu haben. Sie schaukelt heftiger, und ich lasse ihr bis zur nächsten Frage etwas Zeit.
Der Kasper fragt dann nochmals: »Ein Kind sagt: ›Ich habe so schreckliche Angst.‹ Wovor mag es wohl Angst haben?«
Auch diese Frage greift sie sofort persönlich auf: »Ich habe Angst vor offenen Türen . . . vor bösen Männern . . . daß Einbrecher

kommen und mir was Böses tun.«
Plötzlich schaut sie mir mit forschendem, argwöhnischem Blick gerade in die Augen: »Wenn Sie nun gar nicht Frau Ude sind? . . . Wenn Sie nun ein böser Mann sind und sich nur in Frau Ude verzaubert haben?«
Auf ihrem mädchenhaften, feinen Gesichtchen zeigt sich ein nervöses Grimassieren. Weiter fällt mir auf, daß ihr linker Augapfel nach unten abgleitet. Sie macht einen erschöpften Eindruck.
»Du meinst verzaubert«, sage ich, »so wie im Märchen?«
»Ja, das meine ich«, antwortet sie.
»Das mußt du nun selbst herausfinden, genau wie in den Märchen. Da gibt es auch gute und böse Feen. Die bösen Feen verzaubern einen, und die guten Feen helfen, von diesem Zauber wieder frei zu werden.«
Unruhig schaukelt sie weiter auf ihrem Pferd hin und her. Obwohl die Milchflasche schon leer getrunken ist, steckt sie doch häufig den Sauger in den Mund. Sie betrachtet mich und meint dann endlich: »Ich glaube, Sie sind eine gute Fee . . . Aber manchmal sind es ja auch Hexen, im Märchen, die einen verzaubern.«
»Ja, das gibt es«, antworte ich, »und dann muß man . . . im Märchen . . . oft lange durch einen großen Wald laufen, sehr mutig sein und viele Gefahren überwinden, bis man von diesem Zauber wieder befreit wird.«
Sie atmet ganz tief: »Muß das schwer sein . . .« Unvermittelt kommt danach gleich die Frage: »Darf ich denn nun öfter zu Ihnen kommen?«
»Ja, Betty, wenn du magst.«
»Und was machen wir dann hier?«
»Alles das, wozu du Lust hast. Du, Betty, bestimmst, was wir miteinander spielen . . . Wir können kochen, im Sand buddeln, kneten, malen, Kaspertheater spielen und vieles andere, was dir Freude macht.«
»Und komme ich dann ganz allein zu Ihnen, kein anderes Kind weiter?«
»Diese Stunde gehört dir ganz allein.«
Jetzt steht sie von ihrem Schaukelpferd auf, klatscht in die Hände

und ruft aus: »Muß das schön sein, ich komme ganz, ganz allein zu Ihnen, kein anderes Kind.«
Sie läuft zum Eßtisch, auf dem eine mit Bonbons gefüllte Dose steht. »Darf ich auch davon etwas nehmen?« fragt sie zaghaft.
»Auch das darfst du, Betty.«
Sie nimmt zaghaft erst einen, dann zwei Bonbons heraus und sagt: »Ich brauche ja soooo nötig Bolchen, soooo nötig, aber meine Mami kauft mir keine, sie sagt, das Naschen sei nicht gut für die Zähne. Aber ich brauche sie soooo dringend . . . Können Sie es machen, daß Bolchen vom Himmel regnen?«
»So wie im Schlaraffenland«, antworte ich, »wo man sich durch einen Riesenberg von Süßigkeiten fressen kann.« Und gleich geht die Phantasie mit ihr durch, was man alles im Schlaraffenland fressen kann: Riesenberge von Schokolade, Bonbons, Marzipan . . .
Sie seufzt: »Muß das schön sein im Schlaraffenland.«
Ich weise auf den Uhrzeiger: »Schau, Betty, in wenigen Minuten ist die Zeit um.«
»Und wann komme ich wieder?«
»Du kommst zweimal in der Woche, an jedem Dienstag und Freitag.«
»Morgen also schon?«
»Nein, morgen ist Sonnabend und dann kommt Sonntag . . .«
»Und dann komme ich wieder«, fällt sie mir ins Wort.
»Nein, Betty, dann kommt erst noch der Montag und dann der Dienstag, und das ist der Tag, an dem du wiederkommst.«
Sie bettelt: »Warum kann ich denn nicht morgen kommen?«
»Nur zweimal in der Woche, Betty, und das ist an jedem Dienstag und Freitag.«
»Und dann spielen nur wir beide miteinander? Kein anderes Kind weiter?«
»Nur wir beide allein, Betty! Aber jetzt mußt du gehen.«
Die Mutter wartet schon draußen. Ich lasse beide allein, höre aber noch, wie die Mutter etwas bestürzt fragt: »Warum reißt du dir die Haare aus, Betty?«
Kinder, deren Beziehung zum eigenen Ich, zum eigenen Körper dumpf ist, die das Gefühl haben, gar nicht richtig da zu sein, entwik-

keln manchmal das Symptom des Haareausreißens, um mit dem Schmerz das verlorengegangene Körpergefühl zu intensivieren, um sich selbst fühlen, selbst erleben zu können.
Gleichzeitig ist aber auch das Haareausreißen ein gegen den eigenen Körper gerichtetes, aggressives Verhalten, womit vom Unbewußten verdrängte aggressive Regungen bewältigt werden sollen.
Unwillkürlich kommen mir die letzten Worte des Vaters wieder ins Gedächtnis: »Betty hat eine ganz sonderbare Vorliebe für Spinnen, denen sie mit einer Faszination die Beine ausreißt ... Ein sonderbares Verhalten ist das«, meinte er nachdenklich. Und auch Betty berichtete von einer wabbeligen Spinne, der sie die Beine ausreiße, weil sie sich über sie geärgert habe.
Ich hole mir den Karton mit Bettys Bildern und finde viele Zeichnungen solcher spinnenartigen Tiere mit langen Fangarmen. Zu einem von diesen hat Betty nach einer von ihrem Vater festgehaltenen Notiz gesagt: »Das ist ein Tier, das die Bäume abschlägt.« Zu einem anderen: »Das ist ein schreckliches Tier mit einer abgehackten Baumwurzel.«
Der Baum ist seit ewigen Zeiten das Symbol für den Menschen und für die menschliche Selbstwerdung. Eines von vielen Beispielen ist der Lebensbaum.
Ein weiteres Bild beeindruckt mich besonders: Betty nannte es »Ein Frauenbild« (Bild 11). Auffallend ist, daß sie um dieses in Schwarz (die Farbe der Depression, der Trauer) gemalte, armlose Frauenbild zwei riesige, rote Fangarme gelegt hat, die praktisch das ganze Bild beherrschen und so der in die rechte Ecke gedrückten, eingeschnürten armlosen Figur keinen Bewegungsraum lassen. Zweifellos steht diese Figur genau wie der abgehackte Baum für Bettys eigenes Selbst. Was die Mutter im ersten Elterngespräch sagte: »Wir leben in einem ständigen Kampf miteinander«, gilt ebenso für Bettys Haltung ihrer Mutter gegenüber: In der Freude, den Spinnen die Beine auszureißen, drückt Betty unbewußt ihren Kampf gegen den negativen Mutteraspekt aus. Die Spinne nämlich gilt als weibliches Symbol.
Ohne Bettys Mutter also eng in die Behandlung mit einzubeziehen, werde ich Betty wohl kaum helfen können.

»Es gibt Ratten . . . die wühlen, manchmal sind sie auch auf dem Boden oder im Keller . . .«

Der Dienstag ist da und damit für Betty die zweite Behandlungsstunde. Ohne Worte geht sie sogleich zur Schaukel, um sich darin hin- und herzuwiegen. Sie schweigt.
Ich setze mich ihr gegenüber auf eine entfernter stehende Bank. Deutlich spüre ich, daß noch eine räumliche Distanz zwischen uns vonnöten ist.
Sie schaukelt leise vor sich hin, der Kopf hängt etwas herunter, in ihrem Gesichtsausdruck zeigt sich eine große innere Zerrissenheit.
Es ist wichtig, die Phasen des Schweigens nicht mit nebensächlichen Fragen zu unterbrechen, damit würde ich Betty hindern, eigene Wege zu gehen, die ihr das Unbewußte weist.
Schließlich beginnt sie: »Wir sind zu spät gekommen . . . immer, immer kommen wir zu spät, und ich wollte so gern ganz früh zu Frau Ude kommen.«
Ihre Stimme hat etwas Trotziges.
Ich schaue auf die Uhr: »Du kommst auf die Minute pünktlich, Betty.«
Sie schaukelt heftiger. »Man hat mich schön gekämmt . . . Meine Mutter hat gesagt, daß Sie mich nicht leiden möchten, wenn ich nicht schön gekämmt sei.«
Sie schaut mich an.
»Ich mag dich immer leiden, Betty, so wie du bist, ob gut oder schlecht gekämmt, ob traurig oder fröhlich.«
»Immer mögen Sie mich leiden . . . auch, wenn ich mal was Böses täte?«

»Auch dann, man kann nicht immer nur lieb sein.«
Es entsteht wieder eine Pause.
»Was werden wohl die vielen anderen Kinder in der Stadt sagen?«
Wohl wissend, daß ihre große Eifersucht, ihre Verlust-Angst diese Frage bewirkt, frage ich zurück: »Was meinst du damit, Betty?«
»Es gibt doch so viele kleine Kinder in der Stadt . . . wenn die nun alle zu Ihnen kommen?«
Ich zögere ein wenig mit der Antwort, und schon bricht es aus ihr heraus: »Ich möchte nicht, daß noch andere Kinder kommen . . . Kommen die Kinder denn auch, wenn ich hier bin?«
»Wenn du deine Stunde hast, wird kein anderes Kind kommen, Betty!«
»Nur ich allein bin dann hier?«
»Du brauchst deine Stunde mit niemandem zu teilen.«
»Sie würden auch niemanden hereinlassen?« vergewissert sie sich weiter.
»Ich würde niemanden hereinlassen, Betty.«
»Könnten Sie auch die Tür abschließen?«
»Wenn du möchtest, könnte ich auch das tun.«
»Das ist gut, dann sind wir beide hier ganz allein.«
Sie springt aus der Schaukel und entdeckt die von der Zimmerdecke herunterhängende lange Kette von Bonbons.
»Es regnet Bolchen vom Himmel, wie ich es mir gewünscht hatte.«
Sie reißt sie alle wie wild von der Decke herunter und scharrt sie voller Wonne zu einem Berg zusammen.
»Und jetzt wollen wir ganz viel naschen . . . und Kuchen wollen wir backen.«
Sie läuft in die Kochecke: »Grießbrei möchte ich kochen . . . aber essen nicht . . . ich ekele mich so vorm Essen . . . Ich möchte nur manschen, richtig manschen.«
Sie geht zum Sandkasten, gießt zaghaft Wasser darüber, läßt Sand durch die Hand rieseln. Es fällt etwas daneben. Sie erschrickt und fragt: »Kann man hier auch mal etwas schmutzig machen?«
»Das kannst du, Betty.«

Nun greift sie zum Ton. Ich setze mich auch dazu, und sie beginnt damit zu manschen. Ich beteilige mich, und wir beide drücken »Lehmwürste«, wie sie sagt, aus den Händen. Das Manschen macht ihr sichtlich Freude.
Dann formt sie eine Ratte und setzt sie auf den oberen Rand des Sandkastens.
Plötzlich schaut sie bestürzt auf ihre schmutzigen Hände. Ekelgefühle befallen sie, sie ist unglücklich und stürzt zum Waschbecken, um sich in einer langen Reinigungsprozedur wieder ins Gleichgewicht zu bringen. Da steht sie nun mit nassen Händen vor mir. Ein neues Problem steigt auf:
»Womit soll ich meine Hände abtrocknen?« wimmert sie.
Der Stapel sauberer Handtücher erfüllt sie ebenfalls mit Ekelgefühlen. Sie riecht an jedem der Tücher und wirft sie angewidert fort.
Sie ist verzweifelt. Dann endlich kann sie sich zum Abtrocknen mit Kleenex-Tüchern durchringen.
Sie setzt sich wieder in die Schaukel. Das Hin- und Herwiegen scheint ihr immer gutzutun. Sie schweigt . . . Schritte am Fenster vorbei beunruhigen sie. Ich muß nachschauen, ob auch die Türen und Fenster verschlossen sind.
Dann fängt sie wieder an zu sprechen: »Es gibt Ratten . . . die leben unter der Erde . . . die wühlen . . . manchmal sind sie auch auf dem Boden oder im Keller!«
»Ja, das gibt es, Betty.«
Sie fährt fort: »Es ist schlimm, wenn Ratten im Haus sind.«
»Es muß schlimm sein, Betty, wenn Ratten im Haus sind.«
Es ist deutlich spürbar, wie gut ihr dieses ganz auf der Stufe des Unbewußten geführte Zwiegespräch tut. Ohne Beschönigung muß sie von mir erfahren, daß ich es nachempfinden kann, wie schlimm es sein muß, wenn Ratten im Haus sind.
Die Ratten stehen für das Zerstörerische, Aggressive; im Haus bedeutet soviel wie im eigenen Selbst.
Die Ratten müssen Betty sehr beschäftigen. Ich erinnere mich an eine Zeichnung von ihr, auf der eine riesige Ratte von rechts nach links durch einen Kopf hindurchläuft. »Ratte im Geist« nannte

Betty dieses Bild (Bild 12)[7]. Und zu Anfang der Stunde hatte Betty als erstes Tier eine Ratte aus Ton geformt.
»Es ist schlimm, wenn Ratten im Haus sind.« Läßt man sie darin, wenden sie sich zerstörerisch gegen einen selbst: Betty schlägt mit dem Kopf auf den Fußboden, reißt sich die Haare aus, so, als ob sie sich selbst Schmerzen zufügen wolle[8]. Läßt man sie heraus, zerstören sie andere, und damit wächst die Angst vor Liebesverlust, die Angst, in den tiefen Abgrund der Verlassenheit zu fallen. Davor muß sich besonders ein Kind wie Betty fürchten, das in der frühesten Säuglingszeit kein Urvertrauen zu sich und zu seiner Umwelt aufbauen konnte.
In diese Gedanken versunken, höre ich Betty sagen: »Mir ist so heiß.« Sie streicht sich mit der Hand über ihre Stirn. »Ich schwitze immer so leicht«, und schon beginnt sie, sich Kleid und Socken auszuziehen. Angst macht heiß; da helfen auch keine Beruhigungsmittel, die Betty früher verordnet bekam.
Wieder setzt sie sich in die Sandkiste und murmelt vor sich hin, indem sie lustlos etwas Sand durch die Hände gleiten läßt.
Dann gräbt sie ein tiefes Loch in den Sand: »Es gibt Moor, darin versinken die Menschen . . . und dann bleiben die Leichen immer ganz tief unten liegen.«
»Ja«, antworte ich, »es gibt Moor, aber es gibt auch ganz feste Wege, die über das Moor führen, und wenn man diese gefunden hat, kann man nicht mehr darin versinken.«
Sie schaut mich an. Angst steht auf ihrem Gesicht.
»Wo hast du denn das Moor gesehen?« frage ich, und Betty berichtet, daß sie einmal mit ihrer Mami im Museum gewesen ist, und da habe sie dieses Moor gesehen.
Typisch, wie bei diesem angstbesetzten Kind unter dem vielen, was es im Museum zu sehen gibt, gerade der Eindruck des Moors, das alles verschlingt, allein hängengeblieben ist.
Ihrer Angst vor dem Verschlungenwerden hat sie auch in einer Zeichnung (Bild 14) Ausdruck gegeben:

7 Siehe auch Bild 7, auf dem Mäuse aus einem Mädchenkopf herauswachsen.
8 Vergleiche auch das Elterngespräch.

Auf der linken Seite, der Seite des Unbewußten, ein erschreckendes Haupt mit aufgerissenem Maul, das von einem Krokodil angegriffen wird. Das Haupt erinnert an eine der drei Gorgonen aus der griechischen Mythologie[9], ein weibliches Schreckgesicht, dessen Anblick versteinert. Durch eine lange Schnur, die als Nabelschnur angesehen werden kann, sind zwei Kinder in dieses dramatische Geschehen verwickelt.

In der oberen Ecke erscheint wieder der Tod. Das psychische Drama, das hier in diesem Bild dargestellt wird, wäre viel zu flach und oberflächlich gedeutet, wenn man darin nur den Kampf zwischen der persönlichen Mutter und dem Kind sehen würde. Hier wird eine Todesangst dargestellt, eine Angst vor dem Verschlungenwerden, vor dem Versinken im Urabgrund, für das im kindlichen Vorstellungsbereich der als Großmutter verkleidete Wolf im Märchen von Rotkäppchen ein so treffendes Bild ist.

Die zweite Spielstunde ist beinahe zu Ende. »Schau mal auf die Uhr, Betty, wir haben nur noch zwei Minuten.«

Etwas geistesabwesend erhebt sie sich, zieht Kleidchen und Sokken an und geht zur Eßecke. Sie hält die lange Kette von Bonbons in ihren Händen. Über ihr Gesicht huscht ein Lächeln: »Darf ich die mitnehmen?«

»Die waren doch für dich, Betty.«

Als sie hinausgeht, meint sie: »Und nun lebe ich von Bolchen zu Bolchen, bis ich wiederkomme.«

»Und schon sehr bald, Betty.«

9 Die Gestalten des Mythos sind archetypische Projektionen des kollektiven Unbewußten, das heißt, die Menschheit stellt im Mythos etwas aus sich heraus, dessen Bedeutung ihr selbst unbewußt ist.

Anruf von Betty: »Ich möchte gar nicht mehr schlafen!«

Am Donnerstagmorgen klingelt bei mir schon sehr früh das Telefon.
»Hallo, hier ist Frau Ude.« Keine Antwort. »Wer ist dort, bitte?«
Dann höre ich ein Aufschreien, ein erschütterndes kindliches Weinen. Es ist Betty. Sie kann kaum reden. Tiefe Verzweiflung spricht aus ihrem Gestammel:
»Es ist so schlimm, soooo schlimm, Frau Ude . . . Ich träume immer so schrecklich . . . von Gespenstern und ganz bösen Geistern.«
Sie weint und weint; zwischendurch ringt sie sich einige fetzenhafte Bemerkungen ab:
»Es wird nie, nie, nie mehr besser werden, immer muß ich so schrecklich träumen, und dann erzähle ich davon, und dann muß ich aber wieder so schlimm träumen . . . und dann muß ich immer daran denken . . . und so geht es immer weiter. Ich möchte gar nicht mehr schlafen.«
Sie kann nicht weitersprechen, sie schluchzt und braucht Zeit, um sich etwas zu fangen. Dann kommt die Frage: »Kannst du mir denn nicht helfen, Frau Ude?«
»Ganz bestimmt, Betty. Es kommt der Tag, wo du nicht mehr von bösen Geistern zu träumen brauchst. Ganz, ganz bestimmt.«
Nun kann sie auch schon andere Fragen stellen: »Kann ich nicht schon heute zu dir kommen? Bitte, bitte!«
»Du weißt doch Betty, an jedem Dienstag und Freitag hast du deine Stunde. Morgen kannst du also schon kommen, und dann

spielen wir beide miteinander.«
Ich höre einen tiefen Seufzer: »Ich bin ja so eifersüchtig auf Frau Ude . . . Aber ich komme ja ganz allein zu dir.«
»Du hast deine Stunde ganz allein nur für dich, Betty.«
Ihre Erregung scheint etwas abgeklungen zu sein, aber ich baue ihr noch eine Brücke:
»Du kannst mich ja auch immer anrufen, wenn du magst, so wie jetzt.«
»Ja«, sagt sie, »Lisa hat die Telefonnummer.«
»Hat auch Lisa eben für dich die Nummer gewählt?«
»Ja, das hat Lisa gemacht.«
»Wenn du morgen kommst, Betty, dann üben wir beide, wie du ganz allein die Nummer wählen kannst, das ist sehr leicht.«
Sie antwortet nicht.
»Wollen wir es so machen, Betty?«
»Ja«, antwortet eine leise Stimme.
Ich muß die Verabschiedung übernehmen, dazu hat sie nicht die Kraft. Aber sie selbst hat einen Rettungsanker gefunden, den sie hilferufend auswerfen kann, wenn zu große Ängste sie zu überfluten drohen.
In diesem Telefongespräch hat sie mich zum ersten Mal mit »Du« angeredet. Dabei hat sie es dann während der ganzen Behandlungszeit belassen.

»Streich deine Haare aus dem Gesicht!«

Der Freitag ist da, und Betty kommt pünktlich. Sie drückt mir etwas in die Hand: »Das habe ich für dich gebacken.« Zwei Totenköpfe und ein Skelett.

Dann legt sie sich mit dem Leib in die Schaukel, Kopf, Arme und Beine hängen nach unten. Sie wiegt sich leise hin und her und beginnt dann auf die Erde zu spucken.

Das dauert eine ganze Weile. Sie scheint sich damit von unbewußten Ekelgefühlen befreien zu wollen. Dann setzt sie sich aufrecht in die Schaukel, betrachtet mich und sagt:

»Streich deine Haare aus dem Gesicht!«

Im weiteren Hin- und Herwiegen kommen dann Äußerungen wie:

»Nie trägst du Hosen! . . . Zieh doch nächstes Mal eine Hose an!«

An der Art ihres Sprechens spürt man, daß sich dahinter ein Problem verbirgt.

Ich antworte nicht.

Sie schaukelt auch schon erregter hin und her. Dann kommt es:

»Ich mag auch nicht gerne Hosen.« . . . Ihr Gesichtsausdruck verdüstert sich: »Aber meine Mutter hat mich heute gezwungen, diese Hosen anzuziehen . . . Ich glaube, meine Mutter will, daß du mich nicht leiden magst.«

Sie schaut mich unverwandt an, wartet sicherlich auf eine Antwort, die ich ihr aber nicht gebe. Worte, Erklärungen können manchmal befreien, hier aber nur einengen. Sie muß spüren, an meiner Art wie ich zuhöre, sie anschaue, daß ich sie ganz verstehe.

Nun fährt sie fort: »Aber du magst mich ja immer leiden, egal, was ich anhabe.«
»Ja, Betty, ich mag dich so, wie du bist.«
Während sie weiterschaukelt, spricht sie leise, wie zu sich selbst, sie sei heute so müde. Auf ihrem Gesicht zeigen sich wieder nervöse Zuckungen. Der linke Augapfel gleitet ab. Sie macht den Eindruck völliger Abwesenheit.
Dann verlangt sie nach der Babyflasche. Wieder soll ich Milch hineintun, den Sauger daraufsetzen. Sie steckt ihn in den Mund und nuckelt mit halbgeschlossenen Augen. Und im Hin- und Herwiegen flüstert sie: »Ich bin ein Baby.«
Ich achte immer sehr auf räumliche Distanz zwischen uns beiden. Zu große Nähe scheint sie zu beunruhigen. So geht es eine gute Weile. Wir sprechen nicht. Es geschieht äußerlich wahrnehmbar im Grunde nichts, aber doch unendlich viel: Sie kann sich fallenlassen bis in die früheste Säuglingszeit und damit in winzig kleinen Schritten, in der Befriedigung nicht ausreichend gestillter frühester Bedürfnisse, sich allmählich wieder aus der Gebundenheit an frühere Entwicklungsphasen lösen. Die so freiwerdenden seelischen Kräfte werden ihr dann bei dem langen, von ihr noch zu leistenden Entwicklungsprozeß helfend zur Verfügung stehen.
Allmählich wird sie ruhiger, und ein zufriedenes Lächeln huscht ab und an über ihr Gesicht. Schließlich kann sie sich überwinden, die Schaukel zu verlassen, setzt dann die Babyflasche ins Regal und entscheidet:
»Wir spielen jetzt Geburtstag. Frau Ude hat Geburtstag, und ich besuche dich.« Sie beginnt nun ganz begeistert, schöne Geschenke für mich einzupacken. Phantasiegeschenke wickelt sie in buntes Papier, umschnürt sie mit Bändchen, steckt bunte Federn hinein, die sie einfach aus dem Indianerhelm herausreißt, hängt Bonbons daran und kommt nun mit den Kasperpuppen zum Gratulieren.
Während sie dann noch das kleine Schaukelpferd mit bunten Bändern schmückt, an die sie auch Bonbons hängt, ruft sie freudig aus:
»Dieses hier ist unser Haus . . . Wir sind hier ganz allein, und immer ist Frau Ude lieb.«

Sie bringt zum Gratulieren auch den Wolf und das Krokodil. Fast beschwörend dringt sie in mich: »Auch zu diesen Tieren mußt du immer lieb sein.«
»Auch, wenn sie zu mir böse sind?«
Sie ereifert sich: »Die sind nie böse, nie, nie, immer sind die lieb.«
Dann legt sie den Wolf und das Krokodil auf den Tisch: »Hab keine Angst, die tun dir nichts . . . Ich werde sie gut füttern, dann brauchen sie keine Menschen zu fressen.«
Sie holt die Nuckelflasche und gibt dem Wolf Milch zu trinken.
Sie streicht sich wieder mit der Hand über die Stirn: »Ich schwitze so – gestern auch – da habe ich mich ganz nackend ausgezogen . . . meine Mutter schimpft dann . . . sie sagt, ich würde dann krank.«
Ruckartig zieht sie Pulli und Schuhe aus.
Nun hüpft sie durch den Raum, setzt sich an den Eßtisch und freut sich über die Süßigkeiten. Aber die meisten mag sie nicht. Sie riecht an jedem Bonbon, äußert Ekelgefühle und beginnt nun zu sortieren: Die sie nicht mag, soll ihr Bruder Sebastian haben, die wenigen anderen steckt sie in ihr Täschchen.
Dann wird sie wieder sehr aktiv: »Ich muß noch viel, viel tun heute, ich muß waschen.«
Massenhaft kippt sie Seifenpulver ins Becken, sammelt alles nur irgendwie Waschbare, erklärt es als schmutzige Wäsche und beginnt nun mit großem Eifer zu waschen.
Es fällt auf, daß sie dabei viel von Sebastian spricht, der sie heute mit Lisa abholen werde und für den sie auch noch etwas Schönes kochen müsse. Das Waschen wird allmählich zu einem qualvollen Vorgang. Sie stöhnt, daß die Wäsche nicht richtig sauber wird, sie jammert, daß die Flecken bleiben, und kann zu keinem Ende finden. Betty ist verzweifelt, um so mehr, als ich darauf hinweise, daß die Zeit in fünf Minuten herum ist.
Sie klagt und bittet: »Laß mich länger bleiben, bitte, bitte; ich muß doch noch alles schön machen für Sebastian.« Ich wiederhole, daß nur noch fünf Minuten Zeit sind. Nun kann sie sich endlich vom Wäschewaschen lösen und stürzt sich sofort auf die Vorbereitungen für Sebastian.

»Schöne süße Suppen soll er zu trinken bekommen.« Sie reißt viele Pakete auf, schüttet alles in maßlosen Mengen in einen Topf, füllt auch die Nuckelflasche, deckt den kleinen Tisch, legt in sein Stühlchen ein Kissen und auf den Boden ein weiches Fell. »Er soll es ganz schön haben.«

Betty dreht sich in einem Teufelskreis. In dem zwanghaften, qualvollen Wäschewaschen und in dem Bemühen, den Bruder zu verwöhnen, steckt der Wunsch, sich dadurch von unbewußten Schuldgefühlen ihm gegenüber zu befreien.

Erst, wenn sie ihre schweren Existenzängste verarbeitet hat, wird sie sich durch den Bruder nicht mehr bedroht fühlen. Damit werden dann auch die Haß- und Schuldgefühle zum Abklingen kommen, und der Weg zu einer echten Geschwisterliebe wird frei.

Alles geht in Windeseile, und schon kommen Lisa und Sebastian, um Betty abzuholen.

Mir erscheint es besser, mich schon jetzt zu verabschieden, um nicht in eine Szene verwickelt zu werden, die mich gezwungen hätte, für diesen oder jenen Partei zu ergreifen. Während im Alltag die Regeln zu beachten sind, die das Miteinanderleben überhaupt erst ermöglichen, werden diese in der Therapie – zumindest teilweise – außer Kraft gesetzt, um die seelische Befreiung des Patienten zu ermöglichen.

Durch die geöffnete Tür kann ich unbemerkt aus einer entfernten Ecke die abschließende Szene verfolgen:

Sebastian mag nichts von den »süßen Suppen« trinken. Betty ist enttäuscht. Sie läßt aber nicht nach, versucht, ihm andere Süßigkeiten aufzuzwingen. Vergebens. Als letzten Versuch will sie ihm die Nuckelflasche mit dem Sauger in den Mund zwängen. Dieses Vorhaben scheitert völlig. Als sich Betty dann zum Trost selbst den Sauger in den Mund schiebt, bemerkt Lisa:

»Die nimmt Sebastian nicht mehr, dazu ist er schon zu groß.«

Dieser Hinweis trifft Betty hart. Eine schlimme Szene folgt. Verzweifelt schreit sie: »Ich bin kein Baby, ich bin kein Baby . . . immer, immer nur Sebastian.«

Lisa versucht, sie zu trösten. Vergeblich: Unter großem Klagegeheul verläßt Betty mit Lisa und Sebastian das Haus.

Wenn jetzt ein böser Mann kommt,
der Pfeile in Cilles Bauch schießt,
darfst du nicht laut schreien,
weil sonst die Polizei kommt . . .«

Betty kommt wieder einmal pünktlich zur Stunde. In der Hand schwenkt sie ein kleines Täschchen . . . Sie freut sich, daß wir beide ein Dirndlkleid tragen.
Sie bleibt vor mir stehen, schaut mich nur flüchtig an und sagt, wie schon einmal: »Streich deine Haare aus dem Gesicht.«
Entschlossen geht sie dann zum Eßtisch, packt das mit Schokolade und Bonbons gefüllte Täschchen aus und meint: »Das habe ich heute mitgebracht . . . meine Mutter hat gesagt, du wärest arm und ich dürfte nicht so viele Bolchen von dir nehmen.«
Sie schaut mich fragend an: »Stimmt das, bist du arm?«
»Nein Betty, ich bin nicht arm. Deine Mutter wird es nicht so genau wissen, aber nun kannst du es ihr sagen.«
»Darf ich dann weiter bei dir kochen?«
»Wie bisher, Betty.«
»Und auch Bolchen mit nach Haus nehmen?«
»Das kannst du.«
Sie ist erleichtert. »Wie gut«, ruft sie aus, »ich brauche doch so dringend was Süßes«, und schon ist sie in der Kochecke, reißt in wilder Gier alle Tüten auf, um sich an einem Riesenberg von Rosinen, Haferflocken, Trockenmilch und Himbeersaft zu erfreuen. Während sie voller Wonne darin herumrührt, sagt sie: »Noch viel, viel höher müßte der Berg sein.«
Der krankhafte Wunsch nach Süßigkeiten, überhaupt das hemmungslose Habenwollen zeigt, wie sehr Betty in ihrer oralen Entwicklungsphase unbefriedigt geblieben sein muß. Sie ist daher noch stark an diese erste Entwicklungsphase des Säuglings fixiert.

Zum ersten Mal schmecken ihr die Haferflocken, die sie sich mit vollen Händen in den Mund stopft, besonders gut.
Mit einem Auge blinzelt sie in den Sceno-Kasten. Viele, viele Dinge möchte sie daraus geschenkt bekommen: den schönen roten Karfunkelstein, die Tiere, kleine Becher und so weiter. Alles möchte sie haben.
Sie möchte das Spielzimmer ausplündern. »Davon kannst du nichts mitnehmen, Betty, alle Spielsachen müssen hierbleiben.«
Sie läßt nicht nach, sie bettelt und handelt. Ich lasse mich auf nichts ein. Um ihr aber einen Abflußkanal für die angestauten, hochschießenden Wünsche zu geben, schlage ich vor, mir einen Wunschzettel zu diktieren. Bis zur nächsten Stunde würde ich mir dann überlegen, was ich ihr davon schenken könnte.
Jetzt öffnen sich die Schleusen. Sie diktiert mir in die Feder: »Einen kleinen Weihnachtsbaum, einen Funkelstein, eine Trillerpfeife, einen Engel, Küken, Schneemänner, Ketten, Ringe, Äffchen und Bolchen, Bolchen jede Menge.« Ein ganzes Blatt ist gefüllt mit Wünschen.
»Hast du auch alles richtig aufgeschrieben?« fragt sie besorgt.
»Ja, Betty!«
»Lies es mir noch einmal vor.«
Sie hört andächtig und sichtlich befriedigt zu, so, als ob sie schon alles geschenkt bekommen hätte. Dann legt sie ihre beiden kleinen Hände übereinander auf den Tisch, beugt den Kopf und drückt ihre Stirn darauf.
Was geht in ihr vor?
»Ich muß dir was sagen«, beginnt sie und bleibt in der gebeugten Haltung. »Heute nacht habe ich wieder ganz, ganz was Schlimmes geträumt . . . Das war eine große Kerze . . . und daran faßte ein Riesenfinger, und von diesem großen Finger ging noch ein schrecklicher Finger ab . . . Ich hatte solche Angst . . . Das war ein ganz schlimmer Traum«, stöhnt sie.
Jetzt gerade kratzt etwas an der Tür. Es ist mein kleiner Hund, ein Cockerspaniel. Betty liebt Hunde und möchte unbedingt, daß »Cille« hereinkommt. Cille wirft sich sogleich vor mir auf den Rücken, tummelt sich auf dem weichen Fell und will, daß ich ihr

den Bauch kraule. Betty schaut zu.
»Ist es ein Junge oder ein Mädchen?«
»Ein Mädchen, Betty, du siehst es hier an den vielen kleinen Brustwarzen.«
Betty betrachtet diese eine Weile in völliger Schweigsamkeit. Dann wird sie wieder unruhig und sagt, indem sie mich angstvoll anschaut:
»Wenn jetzt ein böser Mann kommt, der Pfeile in Cilles Bauch schießt, darfst du nicht schreien!«
»Dann soll ich also nicht schreien?«
»Nein, nein, nein«, ereifert sie sich, »dann darfst du nicht schreien, weil sonst die Polizei kommt!«
»Du möchtest also nicht, daß die Polizei kommt, Betty?«
»Nein, nein, die Polizei darf nicht kommen, die wird sonst fragen, wer das gemacht hat.«
»Und das wollen wir nicht sagen, Betty?« frage ich mit betont forschender Stimme zurück.
»Nein, nein, nein«, schreit sie auf und verstummt danach.
Ich dringe auch nicht weiter in sie. Sie macht den Eindruck, als sei bei ihr plötzlich der Faden gerissen.
Ich setze mich in die Malecke, hantiere mit Zeichenblock und Farbstiften. Vielleicht ergreift sie die Möglichkeit, im Malen ihr unbewußtes Problem nochmals herauszustellen.
Es dauert gar nicht lange, da setzt sie sich auch an den Tisch und malt eine gelbe Sonne (Bild 13).
»Die ist ganz heiß, und die Strahlen sind böse Finger, alles sind böse Finger.«
»Wie in deinem Traum, Betty?«
Sie antwortet nicht. Ich betrachte die Sonne und sage so nebenbei:
»Es könnten auch Pfeile sein . . . Die Sonne schießt Pfeile in die Erde.«
Auch darauf reagiert sie nicht. Das von ihr im Traum, in der Hundegeschichte und in der Sonne dargestellte Angstproblem ist ihr völlig unbewußt. Sie kann echt darüber auch nichts aussagen. Ich dringe deshalb nicht weiter in sie.
Unruhig und unschlüssig wandert sie durch den Raum. Sie horcht

wieder nach draußen: »Wer geht da vorbei?« Sie hat Angst, daß jemand in die Fenster schauen könnte. Dann tippt sie oberflächlich mit dem Zeigefinger an die Nuckelflasche:
»Große Mädchen dürfen nicht mehr aus der Nuckelflasche trinken, hat Lisa gesagt.« Das schlimme Ende der letzten Stunde hat sie also nicht vergessen.
»Aber hier dürfen sie es, Betty, hier dürfen auch die großen Mädchen alles tun, wozu sie Lust haben. Hier dürfen sie sogar, wenn sie wollen, ein Baby sein.«
Ich soll ihr nun wieder die Flasche füllen, den Sauger daraufsetzen, womit sie sich dann nuckelnd in der Schaukel hin- und herwiegt.
Als die Uhr schlägt und damit das Ende der Stunde ankündigt, wird sie sehr unruhig. Sie möchte noch nicht gehen. Das Saugen nimmt einen verzweifelten, beißenden Charakter an. Es kommen Fragen: »Warum kann ich denn nicht länger bleiben? . . . Warum kann ich denn nicht jeden Tag kommen?«
Sie läuft zum Eßtisch, um sich Rosinen, Haferflocken und Bonbons mitzunehmen.
Ich biete ihr zum Tragen ein Plastiktütchen an. Sie riecht daran, wirft es weg. »Es stinkt, hast du kein anderes?« Jedes neue, blitzsaubere Tütchen bewirkt die gleiche Ekelreaktion.
Endlich findet sie eine Lösung. Sie schürzt ihr Kleidchen, um darin all die Dinge fortzutragen. Ein bißchen verlegen schaut sie mich dabei an: »Ich brauche es doch so dringend, und du bist ja nicht arm, Frau Ude?«
»Nein, das bin ich nicht, Betty.«
»Und vergiß nicht meinen Wunschzettel!«
»Davon wirst du am Freitag etwas auf dem Tisch vorfinden.«
»Vergiß es nicht!«
»Ganz bestimmt nicht.«
»Am Freitag komme ich wieder!«
»Jeden Dienstag und Freitag kommst du zu mir.«
»Und mit dir telefonieren kann ich immer, wenn ich will?«
»Du kannst mich immer anrufen, Betty.«
Endlich kann sie sich trennen.
Ich bleibe besorgt und nachdenklich zurück. Dann nehme ich Bet-

tys Sonnenbild nochmals zur Hand (Bild 13). Die Sonne ist ein männliches Symbol[10], ein Symbol der zeugenden Kraft. Die Strahlen dieser Sonne nennt Betty böse Finger. Die Ähnlichkeit dieser bösen Finger mit einem Penis springt geradezu ins Auge. Das hier zum Ausdruck kommende Problem zieht sich auch durch Bettys Traum von der großen Kerze mit schrecklichem Finger und klingt ebenso in Bettys Bemerkung nach Cilles Erscheinen an: »Ein böser Mann kommt und schießt Pfeile in Cilles Bauch.« Überall die Angst vor dem Eindringen des Penis in einen weiblichen Körper.

Und woher kommt ihre Angst vor der Polizei? Die Polizei steht für das Über-Ich oder das Gewissen, für Bestrafungsangst. Und Bestrafungsangst hat man bei großen Schuldgefühlen, auch wenn man sich ihrer gar nicht bewußt ist.

Man nennt die Polizei auch das Auge des Gesetzes. Bettys Angst vor bösen Augen hat ihre Wurzeln in der gleichen Problematik wie ihre im Hundeerlebnis geäußerte Angst vor der Polizei. Die gleiche Angst finden wir in Bild 6, »Geist beißt Kind ins Blut«, und in Bild 7, Mädchenkopf, in dessen Mundhöhle ein langer pfeilartiger Strich eindringt.

Ich blättere noch einmal in den Protokollen, die ich sofort nach jeder Stunde niederschreibe. Zwei Stunden hat sie mit dem gleichen Hinweis begonnen: »Streich deine Haare aus dem Gesicht!« Was will sie nur damit sagen? Ich kann meine Haare nicht strenger aus der Stirn tragen, als ich es tue . . . Sonderbar! . . . Aber Bettys Mutter trägt einen Pony. Betty sieht also vom Unbewußten her etwas, was in Wirklichkeit gar nicht existiert: einen Pony auf meiner Stirn.

Bei Betty scheint sich bereits eine Angst anzukündigen, die Angst vor der Übertragung ihrer negativen Muttergefühle auf mich. Davor fürchtet sie sich, und darum sieht sie vom Unbewußten her etwas, was in der Wirklichkeit gar nicht da ist.

Noch wirbt sie um mich, bringt mir Blumensträuße und Geburts-

10 Die Sonnenstrahlen dringen in die Erde ein: Die Erde ist ein weibliches Symbol. Bemerkenswerterweise ist in allen romanischen Sprachen die Bezeichnung für Sonne männlichen Geschlechts. Man spricht auch vom Sonnengott.

tagsgeschenke; aber schon sagt sie fast beschwörend: »Immer mußt du lieb sein, auch zu den bösen Tieren wie Wolf und Krokodil«, als wenn sie schon ihre bald durchbrechenden Aggressionen gegen mich vorausahnte.

»Immer, immer muß ich das anziehen, was ich nicht will . . .«

Als Betty in die Tür tritt, fällt ihr Blick zunächst auf meine Schuhe: »Warum trägst du so offene Schuhe?« kritisiert sie. »Es regnet heute . . . Da zieht man geschlossene Schuhe an!«
Entschlossen geht sie zur Schaukel, um sich darin hin- und herzuwiegen. Dabei schaut sie auf ihre Hosen. Dann platzt es heraus:
»Ich wollte heute eigentlich eine gelbe Hose anziehen, aber meine Mutter bestand auf der roten.« Deutlich spürt man ihre ansteigende Wut, ihr Gesicht rötet sich . . .
»Immer, immer, immer muß ich das anziehen, was ich nicht will«, schreit es aus ihr heraus, »und das ärgert mich.«
Sie schwingt erregt hin und her und schaut mich mit zornigen Augen an. Es lag aber keine Frage in ihren Zornausbrüchen, und so verhalte ich mich völlig passiv. Allmählich schwingt sie wieder ruhiger.
»Hast du denn auch an meinen Wunschzettel gedacht?«
»Schau mal auf den Eßtisch, Betty.«
Sie ist blitzartig da und ruft aus: »Den kleinen Weihnachtsbaum hast du für mich gekauft, den ich mir so gewünscht habe. Ich wußte es, ich wußte es, du hast es nicht vergessen.«
Sie nimmt ihn in die Hand und dreht sich damit im Kreise.
»Und was hast du für Süßigkeiten? Puffreis, zum ersten Mal Puffreis!« ruft sie voller Begeisterung und futtert auch schon. »Davon mußt du mir immer ganz viele Tüten kaufen!« Noch während des Kauens fällt ihr ein, was sie heute tun will: »Wir wollen Pudding kochen, für Sebastian und meine Mami, den essen die so gerne. Schnell, schnell, wir dürfen keine Zeit verlieren.«

Schon ist sie in der Kochecke. Indem sie wieder verschwenderisch alle Tüten aufreißt, Puddingpulver, Haferflocken, Zucker, Himbeersaft und Milchpulver wahllos miteinander vermischt und sich vor allem beim Umrühren an der Menge berauscht, kommandiert sie:

»Du machst jetzt nur das, was ich dir sage!« Und schon kommen die Befehle. Aber alles, auch alles mache ich falsch. Wenn ich mich verteidige, sagt sie: »Rede nicht dazwischen. Deck jetzt den Tisch . . . Zieh deinen Kittel aus, den kann ich nicht leiden . . .« Dann geht es weiter: »Nein, *da* kommt der Sessel hin, nein, *da* die Kerze, nein *da* die Schüssel, und von dieser Gabel essen nur meine Mami und ich. Du darfst nichts von meiner Gabel essen.« Als ich mich vor ihr an den Tisch setze, schreit sie mich an: »Steh auf, du darfst dich erst setzen, wenn ich es dir sage!«

Als wir glücklich am Tisch sitzen, bekomme ich zudiktiert, was ich essen darf. Greife ich aus freiem Entschluß nochmals zur Schüssel, reißt sie mir diese aus der Hand. Sie braust auf: »Erst wenn ich es dir sage, darft du was nehmen.«

Dabei kippt ihr die Milchflasche um. Sie schimpft: »Jetzt muß ich schon wieder aufstehen und ein Abwischtuch holen. Das ist jetzt aber das letzte Mal!«

Als ich dann aus Versehen die Kerze umkippe, die in die Puddingschüssel fällt, entflammt sie förmlich und beschimpft mich mit funkelnden Augen wie ein altes Zankweib.

In meinem Behandlungsraum gibt es so ziemlich alles, sogar ein Nachttöpfchen, das auf dem unteren Boden des Regals steht, gar nicht so auffallend sichtbar, aber Betty hat es entdeckt. Schon hat sie es in der Hand und sagt: »Wir machen uns jetzt unser Zimmer-Klo.«

Dann setzt sie im Wechsel Wolf und Krokodil darauf und befiehlt: »Ihr müßt jetzt erst mal ordentlich was machen!« Dann tut sie so, als ob sie an der Spülung zöge, »schschsch« macht sie dazu.

»Und jetzt setze ich mich darauf«, sagt sie dann mit ganz entschlossener Stimme.

Sie hat das Klo in eine Ecke »gebaut«, so daß sie sich dabei ganz gemütlich an die Wand lehnen kann. Sie scheint sich dabei sehr

wohl zu fühlen und beginnt zu erzählen, daß ihr das Würstemachen immer sehr weh täte, weil die Würste immer so hart seien. Sie spricht über Klos, die manchmal schrecklich stinken, hier sei es aber besonders gemütlich.
Ihr Gespräch nimmt mehr und mehr einen geradezu lustvollen Charakter an.
Wegen zu früher Reinlichkeitsdressur hat Betty ihre anale Phase, die auf die orale folgende Entwicklungsphase des Kleinkindes, nicht ausleben können. Sie holt dies jetzt nach (sie »regrediert«), um sich aus der Fixierung an diese Phase, die auch mit starker Zwanghaftigkeit verbunden ist, zu befreien.
Ein nicht verarbeiteter Analkomplex stört oder verhindert die Entwicklung einer affektlosen Sauberkeitsliebe und eines sachlichen Ordnungssinnes. Dressur und schwere Verpönung seiner Ausscheidungen können zu Sauberkeitsspleen und Pedanterie führen, können aber auch in Gleichgültigkeit gegen Schmutz und chaotische Unordnung umschlagen.
»Alle müssen Würste machen«, fährt sie fort, »ich und du, meine Mami und Papi, alle Menschen und auch alle Hunde, Cille auch . . . Aber die Mäuse machen kleine Köttel, doch diese sind für die Mäuse genau so groß wie für uns die Würste.«
Sie steigert sich in ihren Ausdrücken. Schon fällt das Wort »Kacke«: »Bei Gerda, da hängt manchmal Kacke am Klo.«
Sie kichert: »Wenn man Kacke macht, braucht man Papier, aber beim Strahl nicht, da bleibt am Po nichts hängen.« . . .
»Weißt du«, so fährt sie nach einer kleinen Pause fort, »als ich noch ein Baby war, da habe ich auch schon immer was in den Topf gemacht . . . Ich bin schon ganz früh sauber gewesen . . . hat meine Mami gesagt . . . aber der Sebastian, der macht nichts in den Topf, der wartet, bis er wieder die Windeln umhat, und dann macht er was da rein, das hat er lieber.« . . .
Jedesmal, wenn sie etwas in den Topf macht, schaut sie mich andachtsvoll an: »Jetzt mache ich wieder einen großen Köttel . . . und wie der stinkt.« Dann fordert sie von mir Papier, womit sie sich abputzt.
Als ich dann das Töpfchen hinausbringe, meint sie ganz selbstsi-

cher: »Nicht, das machst du doch gern für mich?«
Danach äußert sie, todmüde zu sein. Sie sieht auch sehr blaß und abgespannt aus und schleppt sich mühsam auf ein Sofa, wo sie sich mit angezogenen Beinen in eine Ecke kauert, um die gefüllte Milchflasche bittet und nun bis zum Ende der Stunde dort verharrt.
Sie stellt die Frage: »Was bist du eigentlich? Eine Ärztin oder eine Studentin?«
Ich erkläre ihr, daß es mein Beruf sei, mit Kindern zu spielen, um ihnen dadurch zu helfen.
»Dann bist du also eine Kinder-Spiel-Helferin?«
Ihre Augenlider werden schwerer, und sie spricht immer leiser, wie ein Kleinkind kurz vor dem Einschlafen: »Du hilfst den Kindern«, fügt sie hinzu und schiebt sich den Sauger wieder in den Mund. Aber sie denkt noch weiter über diese Frage nach.
»Tröstest du denn auch Erwachsene?«
Mir fällt sogleich keine geeignete Antwort ein. Dann meint sie: »Die braucht man ja auch nicht zu trösten, die können sich doch selbst trösten.«
Die Uhr schlägt wieder die volle Stunde.
»Hörst du's, Betty? Unsere Zeit ist um.«
Nur sehr zögernd erhebt sie sich, schlupft in ihr Mäntelchen, steckt sich eine Handvoll Bonbons in die Tasche und geht davon.

»Frau Ude schmeckt nach Blut!«

Wieder kommt ein Dienstag, und wieder kommt Betty in ihre Behandlungsstunde. Ich erwarte sie an der Tür. Sie herrscht mich an: »Zieh sofort eine Hose an, es ist kalt heute, da trägt man eine Hose.«
Ich ziehe unwillig meine Schultern hoch und sage so dahin: »Mir ist es aber gar nicht kalt, ich möchte lieber im Kleid bleiben.«
»Rede nicht«, sagt sie böse, »es ist kalt, und da zieht man eine Hose an, fertig.« Dazu stampft sie noch mit dem Fuß auf.
»Ach«, sage ich gespielt mißmutig, »vielleicht in der nächsten Stunde, wenn es kalt ist. Jetzt dauert das doch zu lange. Wir wollen doch spielen.«
»Na gut«, meint sie dann und geht mir voraus in den Spielraum. Sie setzt sich auf ein kleines Stühlchen und wickelt ein mitgebrachtes Paket aus. Sandalen kommen zum Vorschein.
»Das sind meine Lieblingsschuhe«, bemerkt sie, »aber meine Mutter kann sie nicht leiden . . . Die versteckt mir immer diese Schuhe, damit ich sie nicht finden kann. Da kann man sich ärgern!«
»Das kann ich gut verstehen«, bemerke ich.
Es scheint ihr auch heute wieder zu heiß zu sein. Mit Bravour zieht sie sich bis auf Hemd und Höschen aus, hockt sich dann an den Eßtisch, stützt ihre Ellbogen auf und legt ihren Kopf in die offenen Hände! Sie steckt sich Süßigkeiten in den Mund und meint, heute habe sie etwas Süßes besonders nötig.
Nach einer Weile holt sie sich die große Kuh aus dem Sceno-Kasten, stellt sie vor sich hin und legt ihr ein kleines weiches Fell um

den Hals. Vielleicht steckt der Wunsch nach mehr mütterlicher Zärtlichkeit dahinter.
Als sie dann eine männliche Figur herausnimmt, meint sie: »Das ist Papa.« Dabei huscht ein frohes Lächeln über ihr Gesicht.
Wieder geht sie zur Schaukel und wiegt sich in ihr eine Zeitlang hin und her. Ich beobachte sie schweigsam. Die plötzliche Verdrehung ihrer Augäpfel fällt mir stärker auf als je zuvor. Auch das nervöse Gesichtszucken tritt häufiger als bisher auf. Ich warte geduldig in einigem Abstand zu ihr und überlasse ihr die Führung der Behandlungsstunde.
So vergehen einige Minuten. Dann, ziemlich unvermittelt, verkündet sie: »Heute backen wir einen Riesenkuchen für Mami und Sebastian.« Sie beginnt wieder zu kommandieren: »Stell die Kochplatte an . . . Setz dich auf die Couch und rühre dich nicht vom Fleck!« Sie schüttet indes wieder massenhaft ihre Zutaten in die Rührschüssel. Zwischendurch läßt sie sehr häufig Wassertropfen auf die heiße Kochplatte fallen und freut sich, wie es zischt und dampft.
Ich werde weiter von ihr kräftig hin- und herkommandiert: »Leg dich auf die Couch . . . das tut meine Mami manchmal auch.«
Mit einem leichten, hexenhaften Gekicher beginnt sie dann mit kleinen Klötzchen, Bällen und dergleichen nach mir zu werfen.
Ich schütze mich bereits mit einem dicken Kissen. Sie steigert sich blitzartig und läßt einen wahren Bombenregen von allen möglichen kleinen Gegenständen, die sie nur irgend in die Hände bekommen kann, auf meinen durch das Kissen abgeschirmten Kopf niederprasseln.
Dann steht sie neben mir, reißt mir das Kissen aus der Hand und drückt es wieder mit voller Kraft auf meinen Kopf. Zusätzlich wirft sie sich noch mit aller Wucht auf das Kissen. Es ist deutlich: Sie will mich umbringen. Auf ihrem verzerrten Gesicht steht ein erschütternder Haß und eine abgrundtiefe Verzweiflung.
Ein gellender Schrei kommt aus ihrer Kehle: »Jetzt tust du wie ein Krokodil oder wie ein Schwein . . .« Und immer wieder: »Lach nicht so doof, lach nicht so doof!«
Sie spuckt mir ins Gesicht.

Dann flüchtet sie sich in die Schaukel und sagt:
»Frau Ude schmeckt nach Blut.«
Plötzlich ist alles wie ein böser Zauber vorüber.
Sie macht den Eindruck, als ob sie gar keine Beziehung mehr zu diesem Vorfall habe, als ob der Faden völlig gerissen sei. Es scheint ihr auch nicht mehr zu heiß zu sein. Sie zieht sich von selbst Rock und Pullover an und flüchtet sich wieder in das früheste Baby-Dasein zurück. Sie fordert die Nuckelflasche und verkriecht sich damit in eine weiche Sesselecke.
»Rolle mich«, bittet sie, und ich schiebe sie nun in diesem auf Rollen laufenden Sessel wie in einem Kinderwagen durch den Raum.
Wir haben noch viel Zeit. Während des Rollens sagt sie einmal leise: »Liebes Udelein.« Sie schließt die Augen und gibt sich völlig entspannt. Eine gute Viertelstunde läßt sie sich so schweigend durch den Raum fahren.
Als sie die Uhr schlagen hört, erhebt sie sich, behält aber die Nukkelflasche fest in der Hand. Die möchte sie heute mit nach Hause nehmen.
Als sie bereits an der Tür steht, läuft sie nochmals zum Eßtisch zurück, um sich noch eine große Handvoll Bonbons in die Tasche zu stecken.
Etwas geistesabwesend verläßt sie dann wortlos den Raum.

»Guck nicht so, als ob ich dich töten wollte!«

Es ist wieder Freitag, und ich erwarte Betty. Sie begrüßt mich kaum, baut sich dann vor mir auf und stemmt ihre Hände in die Hüften:
»Du hast wieder keine Hose an! Warum nicht?«
»Weil ich mich eben im Rock lieber mag«, antworte ich ganz bescheiden.
Sie geht an mir vorbei, legt sich mit dem Leib auf das Schaukelbrett, läßt Kopf, Arme und Beine nach unten hängen und beginnt wieder auf die Erde zu spucken. »Be! Be! Be!« macht sie dazu, um damit ihre Ekelgefühle noch stärker zum Ausdruck zu bringen.
Als sie sich dann nach einer Weile richtig in die Schaukel setzt, meint sie: »Ich mag mich auch lieber im Rock leiden . . .«
Sie schwingt heftiger, und dann bricht es aus ihr heraus: »Aber meine Mami, die will mich immer zwingen, daß ich eine Hose anziehe . . .«
Sie schaut mich an.
»Ja«, sage ich, »und da ist man ärgerlich.«
»Und wie«, bekräftigt sie, »aber man kann sich nicht mal dagegen wehren.«
»Es muß schlimm sein, wenn man sich gegen etwas nicht wehren kann«, antworte ich.
Jetzt hört sie mit dem Schaukeln auf und läuft in Windeseile in die Eßecke. Die Süßigkeiten gefallen ihr heute alle nicht. Mit Ekelgefühlen schiebt sie alles zur Seite. Sie ist unlustig und unschlüssig.
Dann aber reicht sie mir einen Bogen Papier mit Bleistift: »Nun

schreib einmal auf, was ich mir für die nächste Stunde wünsche!«
Sie diktiert: »Hundert Lutscher möchte ich haben: zehn grüne, zehn gelbe, zehn rote und zehn blaue.« Dabei bemerkt sie: »Du mußt die Zahl Zehn immer in Buchstaben schreiben, dann ist es länger.«
Ich tue alles, was sie sagt. Als der Bogen bis auf den letzten Raum gefüllt ist, tut sie einen ganz zufriedenen Atemzug: »So, und das wirst du mir alles in der nächsten Stunde kaufen?«
»Alles nicht, Betty. Aber nun weiß ich doch, was du gern magst, und etwas davon wirst du in der nächsten Stunde auf diesem Tisch finden.«
»Nun gut«, meint sie, steht auf und bewegt sich zielstrebig in Richtung Sandkasten. »Komm her«, ruft sie, »wir wollen heute manschen. Ich habe richtig Lust zum Manschen.«
Indem sie nun mit ihren Händen im Sand herumwühlt, fragt sie mich: »Kennst du einen Igel?«
»Natürlich kenne ich den.«
»Kann der seinen Kopf auch unter die Stacheln ziehen?«
»Ja«, antworte ich, »der kann sich ganz einrollen.«
Sie versucht, es nachzumachen, grübelt etwas darüber nach und meint dann:
»Wie gut, wenn er es schafft, wenn er den Kopf ganz einziehen kann, dann ist er ganz sicher.« Sie schaut mich an.
»Ja«, antworte ich, »für den Igel ist es schon wichtig, es ist seine einzige Waffe. Andere Tiere haben andere Waffen.«
Sie versucht herauszufinden, mit welcher Waffe sich die verschiedenen Tiere wehren können: »Der Hase kann schnell laufen, die Vögel können fliegen, die Eule kann im Dunkeln gucken . . .« Dann kommt sie zu der hilflosen Bemerkung: »Aber der Mensch kann das alles nicht.«
»Das kann er nicht, Betty, aber der Mensch hat auch seine Waffen, mit denen er sich wehren kann.«
Sie schweigt. Ich weiß, da sind wir bei ihr auf ein Problem gestoßen, das sich nicht mit Worten lösen läßt.
Sie greift nun zum Ton und modelliert ein Krokodil mit einem

großen Maul, dem sie weiße, spitze Zähne einsetzt.
Danach taucht sie ihre Hände in die Fingerfarben und malt einen nach rechts laufenden Wolf, ebenfalls mit aufgerissenem Rachen und langen weißen Zähnen.
Plötzlich ruft sie aus: »Ich muß sofort aufs Klo . . . komm mit!«
Als sie sich dort niedergelassen hat, macht sie die treffende Bemerkung: »Komisch, immer, wenn ich bei dir bin, muß ich aufs Klo . . . Das kommt, weil es bei dir so gemütlich ist.«
Offensichtlich lustvoll genießt sie die Klo-Szenen und holt dabei unbewußt etwas nach, was ihr in ihrer analen Entwicklungsphase versagt geblieben ist. Es kommen wieder begleitende Kommentare: »Erst macht man Pipi, dann kommen die Würste. Die Würste von großen Hunden sind größer als die von kleinen Hunden.«
Sie ist längst mit ihrem Vorhaben fertig, bleibt aber weiter genußvoll sitzen und scheint sich auch an dem Geruch zu weiden. Sie äußert Wünsche: »Wir könnten doch auch hier auf dem Klo tonen und kneten . . . Zu Hause habe ich jetzt einen Pöter geknetet . . .«
Sie redet munter drauflos: »Hast du denn meinen Pöter schon mal gesehen?« Als ich verneine, meint sie: »Ich deinen auch noch nicht.«
»Nun gut«, sage ich, »jeder von uns kann ja seinen Pöter mal kneten.« Das findet sie schön. Schnell springt sie auf, läuft mir voraus in den Behandlungsraum und knetet in Windeseile ihren Pöter. Ich tue das gleiche.
Mit leichtem Gekicher schmettert sie dann beide Pöter ganz fest auf die Erde. Sie reibt sich die Hände sauber, richtet sich auf: »Weißt du, was ich meiner Mami gesagt habe?«
»Nun, wie soll ich das wissen?«
Sie kichert wieder leise.
»Ich habe gesagt«, fährt sie fort, »heute werde ich zu Frau Ude sagen, sie soll sich hier im Zimmer auf den Topf setzen und etwas hineinmachen.«
Sie schaut mich herausfordernd an.
»Und das würde dir Freude machen«, stelle ich fest.
Jetzt reißt sie mir mein Seidentuch vom Hals, steckt es in meinen Gürtel:

»Da läßt du es jetzt«, schreit sie mich an, »und ganz still setzt du dich hierhin und sagst kein Wort!«
Sie steht vor mir mit gespreizten Fingern und schaut mich lauernd an.
»Du willst also mit mir Kämpfen spielen«, sage ich, indem ich bewußt das Wort spielen betone, um sie damit an ihre Grenzen zu erinnern. Ich biete ihr einen Ringkampf an, worauf sie auch eingeht. Danach lasse ich nun einen für sie recht schweren Kampf anlaufen und gebe ihr am Ende das Gefühl, mich zu Boden geworfen zu haben.
Sie gibt dann auch einen Augenblick Ruhe, läuft in die Kochecke, um für Mami und Sebastian, die sie heute abholen würden, etwas Schönes zu kochen. Wahllos schüttet sie wieder Riesenmengen von Zutaten in die Schüssel. Während des Rührens schaut sie oft mit funkelnden Augen zu mir herüber. Ich muß wie versteinert auf der Couch sitzen, darf mich nicht vom Fleck rühren. Hin und wieder gibt sie Befehle, ihr dieses oder jenes zu reichen. Sofort muß ich mich aber wieder auf meinen Platz begeben.
Als ich das neben mir stehende Schaukelpferd ganz flüchtig mit meinen Händen berühre, kommt sie wie eine wütende Bestie angelaufen: »Du willst mich nur ärgern«, schreit sie, »du bist doof, doof bist du, du bist eine Piß-Doofe, meine Mami ist nicht so doof wie du.«
Mit gespreizten Fingern steht sie vor mir wie eine Wildkatze, so, als wolle sie mir am liebsten die Augen auskratzen. Mit einer erschütternden, haßerfüllten Stimme schreit sie dann: »Ich hasse dich, ich hasse dich, ich hasse dich . . .«
Danach flüchtet sie sich in die Schaukel. Ihr Gesicht ist gezeichnet von Haß und Verzweiflung, wohl der erschütterndste Ausdruck auf einem Kindergesicht. Und sie sagt dann:
»Guck nicht so, als ob ich dich töten wollte!«
Mit dem Bauch legt sie sich dann in die Schaukel, Arme, Kopf und Beine hängen schlaff nach unten. Sie wiegt sich leise hin und her. Nach einer geraumen Weile fängt sie dann leise an zu singen:
»Ich fliege, ich fliege, ich fliege und werde nicht naß.« Sie singt es mehrere Male, ich summe dazu, und so pendelt sie sich langsam

wieder ins Gleichgewicht.
Als Mutter und Sebastian sie abholen, läuft sie ihnen mit dem gleichen angstvollen Aufschrei wie in der ersten Stunde entgegen: »Maaaami, Maaaami, Maaaami!«
Betty zieht Mutter und Sebastian nochmals ins Spielzimmer. Die Mutter fragt: »Na, was hast du denn heute gemacht?«
Leise zögernd kommt Bettys Antwort: »Hier, ich habe für euch etwas Schönes gekocht.«
Die Mutter schaut mich an: »Hat sie denn weiter nichts gemacht, als nur gekocht?«
Ich antworte nicht, atme aber auf, als die Mutter das von Betty Gekochte probiert, wenn auch nur mit einer kühlen Zurückhaltung.
Ich verabschiede mich.
Frau Bonsart bleibt noch eine kurze Weile mit den Kindern im Behandlungsraum.
Beim Aufräumen finde ich dort später einen großen Briefumschlag. Darin liegt eine kurze Notiz von Bettys Mutter: »Liebe Frau Ude . . . Anbei finden Sie Bettys letzte Zeichnung. Freundliche Grüße Ihre Frau Bonsart.«
Ein gewaltiger, furchterregender Koloß, der an einen Dinosaurier erinnert, wälzt sich von rechts nach links (Bild 15). Hals und Kopf dieses Monsters sind allerdings nach rechts gewandt[11]. Das Maul ist aufgerissen; man sieht spitze, gelbe Zähne und eine feuerrote, ausgestreckte Zunge. Die großen, giftgrünen Augen mit dem schwarzen Schlitz betonen den zwiespältigen Gesamtausdruck dieses Bildes: Flucht und Angriff, Angst und Aggression.
Auch mit den Farben eines Bildes werden Gefühle, eine ganze Skala seelischer Regungen zum Ausdruck gebracht: Violett ist die Farbe der Trauer, der Mystik. Fast das ganze Bild wird von dieser Farbe beherrscht. In dem giftgrünen Auge kommt eine erschrekkende Kälte zum Ausdruck. Jede Farbe ist doppeldeutig: Rot ist einerseits Sinnbild für Liebe und Wärme, aber auch für Aufruhr und Blut, Teuflisches und Feurig-Versengendes.

11 Siehe auch Seite 17.

Die gewaltige Wucht des sich von rechts nach links wälzenden Tierleibes deutet noch auf ein bedrohliches Ausmaß an Stauungen und Blockierungen hin. Doch die gestalterische Kraft dieses hochbegabten Mädchens hat mit der Rechtswendung des Dinosaurierkopfes unbewußt eine wesentliche therapeutische Wirkung des dramatischen Geschehens zum Ausdruck gebracht, bei dem sie mich »umbringen« wollte. Für mich wird hier ein – zwar noch schwaches – Hoffnungszeichen dafür gesetzt, daß ein positiver psychischer Prozeß in Fluß gekommen zu sein scheint: die Ableitung schwerer, angestauter Aggressionen auf die Außenwelt, die sich bisher selbstzerstörerisch gegen ihr eigenes Selbst gerichtet hatten.

Anruf von Lisa

Am folgenden Dienstag klingelt das Telefon. Es meldet sich Lisa, das Kindermädchen, das Betty entschuldigen möchte, da sie im Bett liegt und Fieber hat.
»Hat sie sich erkältet?« frage ich zurück.
»Nein«, erwidert Lisa, »es sind keine Anzeichen einer Erkältung sichtbar, man weiß nicht, woher das Fieber kommt.«
Ich wünsche gute Besserung und erkundige mich, wann ich Bettys Mutter telefonisch sprechen kann. Ich will um einen Termin für ein erstes Muttergespräch bitten.
Lisa erklärt mir, daß Frau Bonsart verreist sei, zu Bettys Einschulung aber zurückerwartet würde. Also schon sehr bald, da die Einschulung in drei Tagen stattfindet.
Wir verabreden, daß ich telefonisch benachrichtigt werde, wenn Betty ihre Behandlung wieder aufnehmen kann.

Anruf von Bettys Mutter

Ich hörte acht Tage nichts von Betty. Heute meldet sich Frau Bonsart, um Betty für die nächste Stunde anzumelden. Frau Bonsart berichtet, daß das Fieber sehr schnell wieder gesunken sei, so daß Betty vor fünf Tagen eingeschult werden konnte.

In der Schule sei es eine Katastrophe, berichtet Frau Bonsart: »Ich bin verzweifelt . . . Ich habe heute mit der Lehrerin gesprochen, sie kann gar nichts mit Betty anfangen. Betty hüllt sich in völliges Schweigen, sitzt wie versteinert in der Bank, wie bewegungsunfähig, und sagt nicht ein einziges Wort.

Ich habe der Lehrerin kurz etwas von Bettys Behandlung bei Ihnen erzählt, aber es wäre gut, wenn auch Sie nochmals mit ihr sprechen würden, vielleicht bringt man dann Betty mehr Verständnis entgegen.«

Die Lehrerin heißt Frau Sibilsky. Frau Bonsart hatte bereits die Telefonnummer herausgesucht. Ich verspreche, mich sofort mit Frau Sibilsky in Verbindung zu setzen. Gleichzeitig wird noch ein Termin für das erste Muttergespräch festgelegt. Es soll in drei Tagen sein.

Telefongespräch mit Bettys Lehrerin

Mit meinem ersten Telefonanruf habe ich Glück. Ich erreiche Frau Sibilsky sofort, die über meinen Anruf sehr dankbar ist, weil sie sich sehr große Sorgen um Betty macht. Sie berichtet nun wörtlich von Betty:

»Es ist so, als ob nur Bettys Körper da ist, innen ist sie völlig leer, nur voller Angst. Sie ist völlig stumm, wagt nicht zu sprechen, sich zu melden oder sich nur irgendwie zu rühren. Man mag sie selbst kaum ansprechen, weil sie das schon kaum verkraften kann.

Die Kinder mögen sie, behandeln sie aber alle wie ein ganz kleines Baby. Ihre Nachbarin holt ihr die verschiedenen Hefte oder Bleistifte aus der Schultasche, flüstert ihr zu, wenn sie dieses oder jenes machen soll.

In den Pausen würde Betty auf der Bank sitzenbleiben, wenn nicht die Kinder sie auf den Schulhof hinaus- und auch wieder in die Klasse hineinführen würden.

Was kann man nur mit einem solchen Kind anfangen?«

Ich erzähle von Bettys Behandlung, versuche, darüber das Wesentlichste zu sagen, und bin sehr erleichtert, daß Frau Sibilsky für die schwer erklärbaren Zusammenhänge des Unbewußten Verständnis hat. Das zeigt sich auch in ihrer sehr spontanen Reaktion, als sie vom Zeichnen der Kinder spricht:

»Gestern habe ich den Kindern im Mal-Unterricht die Aufgabe gestellt, eine Prinzessin zu malen. Die Kinder waren alle fröhlich bei der Sache und malten die schönsten Bilder. Aber nicht Betty. Sie malte ihre Prinzessin als Skelett mit großen Totenaugen. Das hat nicht nur mich, sondern die ganze Klasse erschüttert.«

Frau Sibilsky spricht nun von ihren Überlegungen, Betty für ein Jahr von der Schule zu befreien, auf der anderen Seite würden dadurch aber auch wieder neue Schwierigkeiten entstehen. Betty würde zu alt und bekäme dadurch neue Komplexe, die sie dann noch zusätzlich belasten könnten.
Wir verbleiben so, daß Frau Sibilsky Betty in der Klasse behalten, sie aber zunächst einmal völlig in Ruhe lassen wird. Nach einem halben Jahr will sie sich dann einmal ganz allein mit ihr befassen, um beurteilen zu können, ob sie vom Stoff etwas behalten hat oder nicht, ob sie lesen kann und wie es überhaupt mit ihrer Intelligenz bestellt ist.
Ich freue mich, daß die Lehrerin diese Klasse zwei Jahre behalten wird.
Frau Sibilsky bittet noch um meine Telefonnummer, um eventuell auftretende Probleme mit mir besprechen zu können.

»Ich hasse dich, ich hasse dich, ich hasse dich!«

Betty wird heute von Lisa gebracht. Als sie schon mir voraus ins Behandlungszimmer läuft, gibt mir Lisa wieder einen großen Briefumschlag: ein Bild von Betty.
Inzwischen hat sich Betty schon in der Eßecke niedergelassen und nuckelt genüßlich an einem Coca-Cola-Lutscher.
»Du wußtest wohl, daß ich diese Lutscher heute sehr nötig habe, darum hast du es nicht vergessen?«
»Ja, du warst auch acht Tage nicht hier, und da hat sich viel ereignet.«
Sie stützt ihren Kopf auf. Nach einer längeren Pause äußert sie:
»Es ist schön, mit dir hier allein zu sein.«
Sie nickt und nuckelt weiter an ihrem Lutscher. Nach einer Weile fragt sie: »Wie hieß denn deine Lehrerin früher?«
»Meine Lehrerin hieß Fräulein Nölle.«
Sie lacht ganz kurz auf: »Komischer Name . . . meine heißt Frau Sibilsky . . . War sie nett, Fräulein Nölle?«
»Manchmal ja, manchmal nein«, antworte ich zögernd.
»Frau Sibilsky ist so ganz nett«, meint sie dann beiläufig.
Nun schaut sie mich mit großen fragenden Augen an: »Bist du gerne in die Schule gegangen?«
Ich zucke mit den Schultern: »Manchmal ja und manchmal auch nein.«
»Du auch nicht?« fragt sie nun ganz interessiert. »Warum denn nicht?«
Nun antworte ich mit ihren eigenen Schwierigkeiten: »Weil ich manchmal etwas Angst in der Schule hatte.«

Jetzt wird sie sehr lebendig.
»Hast du dich auch nicht gemeldet?«
»Nein«, sage ich, »das habe ich zu Anfang auch nicht getan.«
»Und hast du auch nicht gesprochen?«
»Nein, nur wenig.«
»Weißt du was, weißt du was«, sagt sie nun ganz aufgeregt, »in meiner Klasse ist auch eine Stumme.«
»Und die kann auch nicht sprechen?« frage ich.
»Doch, doch, die kann sprechen . . . und die kann auch nicht sprechen.«
»Ja, das gibt es manchmal«, sage ich und wiederhole ihren Satz: »Man kann sprechen und kann doch nicht sprechen.«
Nun muß sie darüber schon etwas lachen, aber sie fragt weiter: »Wie waren denn die Kinder zu dir?«
»Ach«, sage ich, »die waren so ganz nett zu mir, aber immer haben sie mich wie ein Baby behandelt, haben mich an der Hand gefaßt und aus der Klasse geführt oder haben mir aus meiner Schultasche die Bücher geholt . . .«
Jetzt fällt sie mir ins Wort: »Und darüber hast du dich geärgert und bist böse geworden, nicht?«
»Und wie!« sage ich.
»Und was hast du gemacht?«
»Ich habe ihnen eines Tages ganz energisch gesagt: Ich will nicht haben, daß ihr mich wie ein Baby behandelt, ich bin ja genau so groß wie ihr!«
Jetzt strahlt sie mich an: »Das ist recht, das hättest du auch zu Fräulein Nölle sagen können.«
»Nein«, sage ich, »das wollte ich nicht, ich habe mich dann selbst zur Wehr gesetzt.«
Damit scheint für sie das Thema Schule zunächst beendet zu sein. Sie schlendert unentschlossen durch den Raum, schaukelt ein wenig und entscheidet sich dann für die Sandkiste.
Während sie scheinbar entspannt die Hände tief in den Sand steckt und ihn dann immer wieder durch die Hände rieseln läßt, knete ich mit Ton. In einem völlig unfertigen Gebilde sieht sie ein Krokodil.

»Das ist ein Krokodil«, sagt sie, »mach noch mehrere davon.«
Nach dem dritten soll ich nun ein ganz, ganz großes Krokodil kneten.
Als alle fertig sind, betrachtet sie diese und stellt fest: »Die haben ja alle keine Zähne. Die brauchen aber welche, damit sie die Menschen beißen können.«
Ich bestätige dies, und nun setzen wir beide gemeinsam den Krokodilen die Zähne ein. Sie nimmt das große Krokodil in ihre beiden Hände und agiert damit. Kurz und abgehackt ruft sie:
»Ha, ha, haaaaa, jetzt haben alle Angst vor mir.«
Dann aber sagt sie zum Krokodil mit zischender Stimme: »So, jetzt habe ich genug von dir.«
Sie holt sich das Kaspertheater-Krokodil: »Das hat besonders spitze Zähne.«
Und nun läßt sie das Kaspertheater-Krokodil das Knete-Krokodil kaputtbeißen, kaputthacken »bis in tausend Fetzen«.
Sie hat ihre helle Freude daran und tobt sich an diesem »Mord« richtig aus. Den Rest zerquetscht sie dann noch mit ihren Händen.
Sichtlich befriedigt geht sie darauf zum Waschbecken, um sich die Hände zu waschen.
Sie entdeckt ein Fläschchen mit Nagellack.
»Meine Mutter hat gesagt, das ist nur was für ältere Frauen, kleine Mädchen würden häßlich damit aussehen.« Sie schaut mich an.
»Aber vielleicht würden's die kleinen Mädchen doch mal gerne ausprobieren«, sage ich.
Schon lackiert sie sich die Nägel und scheint sich damit zu gefallen.
Ich sitze auf einem kleinen Stühlchen in ihrer Nähe.
Nun betrachtet sie sich im Spiegel.
»Du hast heute eine neue Haarfrisur«, sage ich, »einen Mittelscheitel. Das steht dir gut.«
Ihre Stimme wird ganz scharf: »Ach, das sagst du nur so, meine Mami hat mir gesagt, daß sie diese Frisur nicht leiden mag.«
Sie betrachtet sich weiter im Spiegel, in dem sie dann auch mein Gesicht entdeckt. Dann schreit sie in den Spiegel hinein: »Lach nicht so doof, lach nicht so doof!«
Sie dreht sich um, greift zu ihrer Pudelmütze und zieht sie mir

blitzartig über das Gesicht, so, als wolle sie mich damit ersticken. Wieder erscheint auf ihrem Gesicht der erschütternde Ausdruck von Haß und Verzweiflung. Mit ihren Fäusten trommelt sie gegen meine Brust:
»Ich hasse dich, ich hasse dich, ich hasse dich . . .«
Ich bleibe ganz passiv. Auf meinem Gesicht zeigt sich weder ein Erschrecken noch eine Verärgerung oder ein Lächeln. Es ist nicht Geduld, die ich übe. Meine Haltung wird vielmehr durch das tiefe Verständnis für seelische Vorgänge bestimmt, das ich während der Ausbildungszeit für diesen Beruf durch meine eigene Lehranalyse gewonnen habe. Eine falsche Reaktion würde entweder diesen für die Heilung notwendigen Prozeß ins Stocken bringen oder Betty in schwerste Schuldgefühle und Verwirrung stürzen und ihr damit den festen Halt entziehen, den sie zum Heraussetzen ihrer schweren inneren Konflikte dringend nötig hat.
Mit einem Aufschrei flieht sie dann wieder in den Sessel, um sich dort zu verkriechen. Nach einer Weile bittet sie um die Nuckelflasche.
»Rolle mich, rolle mich«, und ich rolle sie wieder wie ein nuckelndes Baby durch den Raum.
Als sie noch im Sessel sitzt und die Stimme ihrer draußen wartenden Mutter hört, sagt sie: »Nein, ich möchte noch nicht Schluß machen, meine Mami kommt immer, wenn ich nicht will, daß sie kommen soll, und sie kommt nicht, wenn ich will, daß sie kommen soll.«
Mit einer Handvoll Bonbons verläßt sie mechanisch den Raum.
Ich setze mich sogleich zum Protokollieren dieser Stunde an meine Schreibmaschine. Vorher öffne ich den Briefumschlag, den mir Lisa zu Beginn der Behandlungsstunde gegeben hat. Er enthält eine Zeichnung (Bild 16) von Betty:
Ein Mädchen, dessen Mund mit großen schwarzen Kringeln bedeckt ist. Es ist sie selbst, die Stumme in Bettys Klasse. Die schwarzen gemalten Kringel auf dem Mund symbolisieren ihre Unfähigkeit, in der Schule zu sprechen. (Schwarz: Farbe der Depression, Trauer.)

Muttergespräch

Zu einem der vielen Muttergespräche erscheint Frau Bonsart mit viertelstündiger Verspätung: Sie sei völlig abgehetzt. Doch ihr äußeres Erscheinungsbild ist makellos. Mit sicherem Gefühl versteht sie, sich zu kleiden, kleine geschmackvolle Effekte zu setzen.
Frau Bonsart beginnt sogleich über Sebastian zu sprechen, der erkrankt sei, Fieber habe und ihr große Sorgen gemacht habe. Es sei vor allem nicht möglich gewesen, ihm die von der Kinderärztin verordnete Medizin zu verabreichen. So habe sie mit Lisa den Jungen unter Aufbietung aller Kraft festgehalten, um ihm gegen sein heftiges Sträuben endlich etwas Medizin einflößen zu können. Betty sei ebenfalls Zeuge dieser Prozedur gewesen und habe sich darüber genau wie sie schrecklich aufgeregt.
Als ich meine Bedenken über die Gewaltanwendung äußere, gibt sie zu, sich selbst auch in dieser Hinsicht überfordert zu haben. Aus diesem Grunde sei sie heute morgen mit Sebastian zur Kinderärztin gefahren, damit diese dem Jungen die Medizin einflöße. Die Kinderärztin habe dann Sebastian völlig in eine Decke eingewickelt, so daß Arme und Beine bewegungsunfähig waren und ihm so die Medizin verabreicht werden konnte. Das Schreien von Sebastian sei allerdings entsetzlich gewesen.
Jetzt sei aber alles gut mit ihm, das Fieber sei auch schon vorüber, die Medizin habe wohl gut geholfen.
Ich bemerke, daß diese »ärztliche« Vorgehensweise doch wohl eine Vergewaltigung Sebastians sei.
Frau Bonsart bagatellisiert: »Aber das hat er ja längst wieder vergessen.«

»Vergessen schon«, antworte ich, »aber das Entscheidende ist, daß die nicht verarbeitete Angst und alle damit verbundenen Gefühle in ihrer ursprünglichen Form ein Leben lang im Gehirn gespeichert bleiben. Und die Bedeutung der vom Kind erlebten Traumen[12] liegt darin, daß sie für das spätere Verhalten Bezugspunkte oder Grundmuster werden, so daß nachfolgende Erlebnisse, die vielleicht nur Bagatellen sind, sich an verdrängten, vergessenen Traumen aufladen und die gleichen dramatischen Ängste wie bei wirklich schlimmen Vorgängen mobilisieren können.«

Hier fühlt sich Frau Bonsart auf ein eigenes Problem hin angesprochen: »Man hat mir erzählt«, so berichtet sie, »daß ich einmal als eineinhalbjähriges Kind unbeabsichtigt auf einer Toilette eingeschlossen worden bin. Jetzt habe ich immer schreckliche Angst vor zu engen Räumen, ja ganz allgemein vor geschlossenen Räumen.« Nach einer Weile erinnert sie sich noch, daß sie auch im Zug Beklemmungen habe.

Es ist heute ein besonders schöner Herbsttag. Die Laubfärbung hat in ihrer Leuchtkraft den Höhepunkt erreicht.

Wir sitzen nebeneinander vor einem großen Fenster, so daß sich unsere Blicke nicht immer begegnen müssen. Das schafft eine ungezwungene Atmosphäre und erleichtert vor allem längeres Schweigen.

Schließlich nimmt Frau Bonsart das Gespräch wieder auf: »Diese Farbigkeit des Herbstes ist wie eine Euphorie, wie der Auftakt zu einem großen Sterben.«

»Empfinden Sie dies so?«

Sie schweigt dazu und beginnt dann unvermittelt über Betty zu sprechen: »Was sagen Sie nur zu Betty? Wie ist es möglich, daß sie in der Schule jetzt so völlig versagt, sich einkapselt, nicht spricht, ängstlich in den Pausen auf ihrer Bank sitzen bleibt ... Das ist doch nicht mehr normal? Sie muß erblich belastet sein und wird darum aus ihrer Veranlagung her immer wieder neue Probleme entwickeln.«

12 Trauma bedeutet wörtlich Verletzung.

Ich erinnere an unser erstes Gespräch, bei dem wir bei der Betrachtung der Familiengeschichte keinerlei Faktoren finden konnten, die auf eine erbliche Belastung Bettys hinwiesen. Auch der uns vorliegende ärztliche Untersuchungsbefund des Neurologen war in jeder Hinsicht »ohne Befund«.

»Es ist schwer, mit Betty fertig zu werden«, fährt sie fort, »mit ihrer Hartnäckigkeit und ihren teilweise hysterischen Anfällen. Zu ihrem Bruder ist sie so böse, sie ist so erschreckend gefühlskalt.«

»Ich kann gut verstehen«, sage ich verständnisvoll, »daß es schwer für Sie ist, Betty so, wie sie jetzt ist, zu ertragen.«

»Aber ich weiß«, kommt es plötzlich, »worin mein Haupterziehungsfehler liegt: Ich bin zu nachgiebig, Frau Ude. Jedoch durch Bettys Zähigkeit bin ich oft so erschöpft, daß ich dann einfach nachgeben muß.«

»Nachgeben, zum Beispiel wann?« reagiere ich erstaunt.

»Nun, zum Beispiel in Bekleidungsfragen. Betty will nie das anziehen, was ich für richtig halte. Jeden Morgen, immer, immer gibt es Kämpfe zwischen uns beiden.«

»Und warum fällt es Ihnen so schwer, Betty die Entscheidung über das, was sie anziehen möchte, selbst zu überlassen?«

»Nun, weil ich eben möchte, daß sie nett aussieht«, antwortet sie selbstsicher.

»Und meinen Sie, Frau Bonsart, daß Betty in selbst gewählter Kleidung weniger hübsch aussieht?«

»Ja, das meine ich . . . sie kann nicht alles tragen . . . vielleicht . . . mag sein . . . bin ich auch in Fragen des Geschmacks besonders empfindlich und anspruchsvoll.«

»Betty ist objektiv ein hübsches Mädchen«, werfe ich ein, »und ist außerdem auch besonders schön gewachsen. Auch die häßlichste Kleidung könnte nicht allzuviel daran ändern.«

»Aber Betty muß doch einsehen, daß ich es gut mit ihr meine . . . daß ich nur ihr Bestes will, wenn ich sie hübsch anzuziehen versuche.«

»Sie, mit Ihrem Verstand, Frau Bonsart, meinen, daß Betty das doch einsehen müßte, aber Betty empfindet das ganz anders.«

»Wieso, wie meinen Sie das, Frau Ude?«
»Nun, sie wird das Gefühl haben, daß sie nicht so geliebt und angenommen wird, wie sie ist. Das ständige Korrigieren an ihrer Kleidung muß sie als Abwertung erleben.«
Frau Bonsart wehrt sich gegen diese Einsicht: »Ach, es ist ja auch vor allem Bettys Art, ihr Charakter, der mir so schwer zu schaffen macht. Aber sie ist mir schon immer so unter die Haut gegangen, mit Sebastian war es von Anfang an leichter. Sie war schon immer ein Problemkind . . . Gestern gab es auch wieder Kämpfe mit ihr, beim Schuhkauf. Sie wollte unbedingt so häßliche rote Lackschuhe haben . . . Und dann gebärdet sie sich so hysterisch . . . Sie ist überhaupt so übertrieben mädchenhaft, und das kann ich nicht leiden.«
Ich lasse diesen Ausspruch etwas im Raum stehen. Dann übernehme ich die Gesprächsführung: »Aus Ihrer Sicht kann ich Sie gut verstehen, Frau Bonsart. Betty lebt Ihnen eine Rolle vor, die Sie in der Kindheit nicht annehmen wollten, ja, nicht leben konnten: die Mädchenrolle.«
»Ich weiß«, sagt sie, »Betty möchte mich am liebsten umändern in eine vollbusige, mütterliche Frau. Ich kann mich aber nicht ändern. Ich kann auch mit Sebastian nicht so kleinkindhaft spielen, wie es sicherlich für ihn gut wäre . . . Ich habe als Kind ja auch nie mit Puppen gespielt.«
Frau Bonsart fährt weiter fort, über ihre Kindheit zu sprechen; über ihre äußerst kühle Beziehung zu ihrem Vater; über Ängste, die sie erlebt habe, als man sie einmal ins dunkle Badezimmer gesperrt habe; über Androhungen, von Zigeunern mitgenommen zu werden; von den vielen Umzügen; über ihre Kleinheit als Schulkind, unter der sie so gelitten habe.
Wie im ersten Gespräch erinnert sie sich auch heute wieder daran, wie schrecklich für sie das Gelächter der Mädchen war, als der Lehrer sie einfach wie eine Puppe in die Höhe hob und sie so der Klasse darbot. Da entstand in ihr der Wunsch, ein großer Junge zu sein, wie ihr Bruder, der es durch seine Größe und Kraft leichter gehabt habe, mit seiner Umgebung fertig zu werden. Zum Schluß fallen die Worte:

»In meiner Seele ist es nun einmal fest eingraviert, mich immer behaupten zu müssen, immer mit meinem Verstand zu kämpfen und mich dabei immer selbst zu überfordern.«
»Das kann ich gut verstehen, Frau Bonsart. Wenn Gefühle in der Kindheit verletzt wurden, muß man sie mit dem Verstand verdrängen, weil man ja weiterleben will. Mit ständigen Schmerzen kann der Mensch nicht leben.«
Frau Bonsart wechselt nun wieder zu Betty über: »Woran kann es nur liegen, daß Betty ihren kleinen Bruder so haßt, so böse und grob mit ihm ist, daß ich oftmals echte Sorgen um Sebastians Sicherheit habe?«
»Es gibt von Betty eine Zeichnung, worin sie genau dieses Problem anspricht.« Ich lege Frau Bonsart die Zeichnung (Bild 17) vor.
Betty hat zu diesem Bild geäußert: »Der große Hund heißt Jaggy, er ist nicht an der Leine und deshalb weint er. Und der kleine heißt Purzel, er ist noch an der Leine an einem Kaufmannsladen.«
Diese Zeichnung ist eine zwar unbewußte, doch so klare Aussage über Bettys Eifersuchtsproblematik, daß die Deutung auf der Hand liegt. Mit drei Figuren nur, den zwei Hunden und dem Kaufmannsladen, hat sie ein Problem ausgedrückt, wozu man sonst viele, viele Worte brauchen würde. Man muß nur den symbolischen Ausdrucksgehalt dieser drei Figuren erfassen: Der große, weinende Hund ohne Schnur ist Betty, der kleine Hund ist Sebastian, und der Kaufmannsladen steht für das Spendende, das Gebende, das Nährende. In einem Kaufmannsladen kann man alles haben, wie von einer Mutter. Also steht der Kaufmannsladen symbolisch für die Mutter. Der kleine Hund ist noch durch die Schnur mit dem Kaufmannsladen, mit der Mutter also verbunden, noch nicht abgenabelt, er lebt noch in enger Verbindung mit ihr, während der große Hund nicht mehr durch eine Leine mit dem Kaufmannsladen, der Mutter, verbunden ist. Und so fühlt er sich ungeborgen, verlassen, allein. Er wendet sich ab und weint viele Tränen.
Es ist auch interessant, daß die enge Verbindung zwischen dem Kaufmannsladen und dem kleinen Hund noch durch die gleiche

Farbe bekräftigt wird, während der große Hund eine andere Farbe hat.
Frau Bonsart akzeptiert die Deutung dieses Bildes sehr schnell und fügt liebevoll hinzu: »Der kleine Hund sieht auch aus wie Sebastian, er hat die gleiche wuschelige Frisur.«
Nach einer Weile angestrengten Schweigens fragt sie: »Was kann ich denn nur tun, Frau Ude, daß Betty sich nicht so ausgestoßen, so verlassen fühlt?«
Ich lasse diese Frage mit Absicht unbeantwortet. Was würde es schon helfen, wenn sie zum Beispiel das Kritisieren an Bettys Kleidung mit Gewalt unterdrückte, aber dabei die innere Haltung zum Kind die gleiche bliebe. Vielleicht träte dann ein resigniertes Dulden, ein kühles Gewährenlassen an die Stelle der Auseinandersetzungen mit Betty, wodurch beim Kind eine noch größere Verlassenheitsangst ausgelöst würde.
Der Weg zu einer wirklichen Lösung führt auch für Frau Bonsart nur über die Konfrontation mit ihrem eigenen Selbst, um dann allmählich eine Veränderung unbewußter Haltungen zu bewirken. Aber nicht nur das Kind, sondern auch die Mutter hat ein Recht auf Geduld; denn für sie mit ihren über viele Jahre eingefahrenen Verhaltensweisen ist die psychische Umstellung noch viel schwieriger.
Das Gespräch klingt aus. Frau Bonsart verabschiedet sich fast ohne Übergang: »Ich werde mich wieder melden . . . In der nächsten Woche fahre ich für einige Tage nach Paris . . . So eine kleine Reise tut mir immer gut, dann komme ich ausgeglichener zurück.«
Beim Hinausgehen überreicht sie mir noch eine Zeichnung (Bild 18) von Betty. Sie lächelt dabei ein wenig und meint: »Heute ist es etwas ganz besonders Großes.«
Ein Riesenkrokodil bewegt sich mit aufgerissenem Maul, aus dem lange Zähne herausragen, im Gegensatz zu früher von links nach rechts. Um auch die Größe dieses Krokodils darzustellen, hat Betty zwei große Zeichenblätter aneinandergeklebt. Es ist das Kaspertheater-Krokodil aus einer der letzten Stunden, das das von mir aus Ton geknetete Krokodil – wie Betty dabei selbst ge-

sagt hatte – bis in tausend Fetzen kaputtgebissen hatte.
Ich frage die Mutter zwischen Tür und Angel, ob Betty noch immer selbstzerstörerische Tendenzen zeige wie das Aufschlagen mit dem Kopf auf den Fußboden oder auch das Haareausreißen. Beides hat sie in der letzten Zeit nicht mehr beobachtet.
Bettys Aggressionsstau hat sich also in der Behandlung andere Abflußkanäle geschaffen.

»Heute muß ich mich bei dir erholen!«

Anscheinend direkt nach der Schule erscheint Betty zu ihrer Stunde. Sie sieht wieder sehr bleich und hohläugig aus, ihr Gang ist mühsam, so, als hätte sie es gerade noch mit letzter Kraft geschafft. Im Behandlungsraum läßt sie ihre Schultasche und ihr Mäntelchen einfach von sich abgleiten.
»Heute muß ich mich bei dir erholen«, äußert sie mit schwacher Stimme und legt sich mit dem Bauch auf die Schaukel, um sich darin langsam hin- und herzuwiegen. Dann beginnt sie mit dem Ausdruck von Ekelgefühlen auf die Erde zu spucken. Nach einer Weile äußert sie:
»Alles ist schlimm!«
»Du meinst die Schule?« Sie antwortet nicht. Ich dringe nun auch nicht weiter in sie. Sie wird schon ihre eigene Form finden auszudrücken, warum alles schlimm ist.
Kopf, Arme und Beine baumeln nach unten. In dieser Haltung und im ständigen Spucken scheint es ihr jetzt allein möglich zu sein, »sich zu erholen«. Es dauert heute besonders lange, bis sie sich von der Schaukel löst.
Lustlos geht sie dann zu dem Eßtisch, auf dem immer die Süßigkeiten liegen. Sie schiebt sie alle mit einer heftigen Handbewegung zur Seite: »Be! Be! Be!«
Langsam werden ihre Bewegungen kraftvoller. Sie holt für uns beide einen Klumpen Ton, steckt ihre Finger in die weiche Masse, beginnt etwas zu formen und sagt:
»So, jetzt habe ich ein Messer.«
»Damit kann man sich wehren, Betty.«

»Nein, nein«, antwortet sie ängstlich, »das ist nur mein Handwerksmesser.«
Dann taucht sie ihre Hände in die rote Fingerfarbe und bestreicht damit die Messerklinge: »Das ist blutrot.«
Unvermittelt gibt sie dann diese Beschäftigung auf. Eine lange Reinigungsprozedur ihrer Hände folgt. Danach geht sie zum Kaspertheater: »Ich spiele dir mal was vor.«
Sie weist mir das Schaukelpferd zu. Zunächst greift sie zu einem im Puppenwagen liegenden Püppchen. Es ist handgearbeitet und hat ein besonders weiches, ausdrucksvolles Gesichtchen mit einem blonden Haarschopf.
»Dieses ist jetzt der Teufel«, erklärt sie. Mit Knete drückt sie dann dem Püppchen gruselige Augen ein. Es ist offensichtlich, daß ihr das Eindrücken der Augen eine innere Befriedigung verschafft. Dann holt sie sich noch die beiden anderen Teufelsfiguren. »Die müssen noch häßlicher werden.« Sie drückt ihnen ebenfalls Kneteaugen ein, eine dicke Nase und lange Zähne.
»Diese Teufel wollen jetzt, daß alle Kinder auf die Straße gehen, ha, ha, haaaa, alle Kinder werden überfahren, alle werden totgefahren.«
Sie holt sich dann Krokodile und sagt: »Immer mehr, immer mehr Krokodile kommen, die sind alle hungrig und wollen fressen. Die überfahrenen Kinder werden von den Krokodilen aufgefressen.«
Und nun nimmt Betty den Kasper und läßt ihn alle Krokodile umbringen. Sie spielt die dramatische Mordszene mit sichtlicher Lust.
Nun beginnt sie, hexenhaft zu kichern, wirft mir kleine Knetestückchen entgegen und erklärt: »Das ist ein Auge, eine Nase, ein Bein ...« Das Hinauswerfen von abgerissenen Gliedern scheint ihr besonderen Genuß zu bereiten.
»Was nun?« sagt sie dann leise, wie zu sich selbst. Ihre Zerstörungswünsche scheinen noch nicht befriedigt zu sein.
»Soll ich jetzt die ganze Kasperbude umkippen?« flüstert sie. Ihr Mund ist fest zusammengekniffen, ihre Hände sind verkrampft, zusammengeballt zu Fäusten, mit denen sie um sich schlagen will, wie um sich aus einem Gefängnis zu befreien.

Mit Getöse fliegt mir die ganze Kasperbude entgegen. Ich kann sie gerade noch etwas mit meinen Händen abfangen, um den Lärm zu mildern und ihr das chaotische ihres Handelns nicht zu bewußt werden zu lassen. Eine zerbrochene Kasperbude hätte wohl auch eine zu diesem Zeitpunkt ungesunde Schockwirkung und niederschmetternde Schuldgefühle in ihr auslösen können.
Aber immer noch ist ihr Zerstörungsdrang nicht zur Ruhe gekommen. Sie schaut mich mit bösen Augen an:
»Heute möchte ich hier mal die ganzen Wände vollschmieren.«
»Nicht hier! Nur im Nebenraum, Betty!«
Sie zögert und hadert. Sie wehrt sich dagegen, diese Einschränkung zu akzeptieren. Ich bleibe unbeweglich. Schließlich geht sie mürrisch und wortlos in den Nebenraum.
»Und hier darf ich wirklich die ganzen Wände vollschmieren?«
»Hier kannst du machen, was du willst, Betty.«
»Auch diesen Matsch gegen die Wände ballern?«
»Auch das.«
Sie beginnt wieder zu kichern, wirft zunächst ein kleines Klümpchen Lehm gegen die Wand, steigert sich aber sehr schnell und bombardiert dann die Wände mit schweren feuchten Lehmkugeln. Wenn sie auf Holz trifft und es besonders knallt, reißt sie die Augen weit auf. Schließlich erlahmen ihre Kräfte. Die letzten Lehmbälle erreichen kaum noch ihr Ziel.
Wir kehren ins Behandlungszimmer zurück. Ihre aufgewühlte Seele ist vorübergehend zur Ruhe gekommen.
»Jetzt wollen wir schlafen, Frau Ude. Ich schlafe hier auf der Couch . . . und du auf der Erde.«
Sie nimmt sich ein weiches Kissen und eine große mollige Decke, mir gibt sie nur ein Händehandtuch zum Zudecken.
Als ich stöhne, daß es mir zu hart und zu kalt sei, herrscht Betty mich an: »Schlaf jetzt, kein Wort mehr will ich hören.«
Sie steht dann nochmals auf, um sich die Nuckelflasche zu holen, und »spielt« nun schlafen, aber nicht lange. Schon beginnt sie zu sprechen:
»Hast du eigentlich zu Fräulein Nölle immer guten Morgen gesagt?«

»Doch, das habe ich schon«, antworte ich etwas zögernd.
Es entsteht eine Pause . . . Ich frage:
»Wie geht es denn der Stummen in deiner Klasse?«
»Die ist immer noch stumm«, gibt sie leise zur Antwort.
»So«, sage ich nur.
»Haben dich denn die Kinder in der Klasse auch ausgelacht?« fragt sie mich.
»Gelacht haben sie schon manchmal . . . aber das muß ja nicht immer ein Auslachen sein.«
Jetzt bricht es aus ihr heraus:
»Aber mich, mich lachen die Kinder immer aus . . . sie sind böse zu mir . . . das ist ganz, ganz schlimm.
Es ist schade«, fährt sie fort, »daß du nicht stark genug bist . . . dann könntest du alle schlagen, die mich immer auslachen.«
»Du fühlst dich nicht stark genug, um dich selbst zur Wehr zu setzen, Betty?«
Sie schaut mir gerade ins Gesicht, antwortet aber nicht.
Ich fahre fort: »Wenn man sich nicht selbst verteidigt, wird es immer schlimmer . . .«, und nach einer kleinen Pause füge ich hinzu: »Weil man dann auch selbst immer böser auf die anderen Kinder werden muß.«
Bettys Blick gleitet schon wieder an mir vorbei; alles, was ich sage, erreicht sie nicht mehr. Vom Unbewußten her hat sie abgeschaltet.
Als ich dann noch mit einer wieder »belehrenden« Bemerkung fortfahre, wendet sie ihren Kopf auf die Seite und bringt auch mich damit zum Schweigen.
So bleibt sie die restlichen Minuten ihrer Stunde zusammengeringelt mit der Nuckelflasche im Arm auf der Couch liegen. Sie versucht auch nicht, die Stunde noch länger hinauszuziehen. Auch Bonbons nimmt sie heute nicht mit.
»Auf Wiedersehen, Frau Ude«, sagt sie klanglos und geht davon.
Ich mußte noch länger über das Ende dieser Stunde nachdenken. Sie brachte mich dazu, mich auf eine der wichtigsten Grundregeln in der Psychotherapie zu besinnen: den Prozeß nicht beschleunigen zu wollen.

Wandlungen, die von Bedeutung sind, kommen nicht von außen, sondern von innen. Und Hinweise wie die, die ich soeben gegeben hatte, sind gleich einer Verabreichung von Rezepten, mit denen ein Kind nichts anfangen kann. So besteht die Gefahr, daß der Kontakt abreißt und das Kind sich zurückzieht, und das hatte Betty gerade eben getan.

Mein »Rezept« hieß vorhin: »Du mußt dich selbst zur Wehr setzen.«

Außer der Tatsache, daß von außen kommende Lösungsvorschläge einem autonomen Reifungsprozeß entgegenwirken, ist auch der Hinweis auf Selbstverteidigung für Betty wertlos, ja falsch.

Ein so Ich-schwaches Kind, das sich von inneren Ängsten so stark bedroht fühlt, wird versuchen, diese abzuwehren, indem es seine eigenen feindseligen Regungen auf die Außenwelt überträgt. Gleichsam rückgespiegelt nimmt es dann die angsterregenden Bedrohungen von der Außenwelt wieder wahr.

Ein ganz kleines Kind wird zum Beispiel eine Tischkante für böse erklären, wenn es sich daran gestoßen hat. In seinem Reifungsprozeß muß der Mensch dann lernen, solche Übertragungen zurückzunehmen und nach deren tieferen Ursachen zu forschen.

Solange Bettys Ich noch so schwach ist, kann sie einfach nicht auf das Heraussetzen ihrer feindseligen Regungen gegen andere, die objektiv gar nicht böse zu ihr sind, verzichten; denn dadurch erlebt sie gleichzeitig eine innere Entlastung.

Würde sie sich also nach meinem »Rezept« verhalten, sich zur Wehr setzen, so entstünde nichts anderes als eine Art Spiegelfechterei . . . ein Schattenboxen.

»Was wird, wenn du einmal krank wirst?«

Als Betty heute in ihre Behandlungsstunde kommt, kann ich sie nicht, wie sonst, an der Tür empfangen. Ein Telefongespräch hat mich einige Minuten länger aufgehalten.
Sie hockt völlig in sich zusammengesunken auf einem Stuhl. Enttäuschung steht auf ihrem Gesicht: »Du hast dich nicht auf mich gefreut!« Sie schaut mich an. Ihre Augen flackern voller Unruhe, wie die eines von Angst gejagten Tieres.
»Es tut mir leid, Betty, daß ich zu spät komme. Ich war gerade beim Telefonieren.«
Wir gehen gemeinsam ins Behandlungszimmer. Sie unternimmt nichts und bleibt unschlüssig, verkrampft stehen.
Wir schweigen eine Weile.
»Warum mußt du so lange telefonieren? ... Du bist doch eine Spielfrau.«
»Eine Spielfrau muß auch manchmal telefonieren, Betty ... Das haben wir beide doch auch schon miteinander getan.«
Sie rührt sich nicht vom Fleck. Dann bricht die große Angst heraus:
»Was wird, wenn du einmal krank wirst ... oder wenn du stirbst? ... Wirst du einmal sterben?«
»Ja, Betty, alles, was lebt, muß einmal sterben, aber ein Mensch kann sehr alt werden, siebzig, achtzig, neunzig oder sogar hundert Jahre alt.«
»Wie lange ist das, hundert Jahre?«
»Nun, wir wollen mal darüber nachdenken. Zunächst wie lang ein Jahr ist: Ein Jahr hat zwölf Monate: Januar, Februar, März, April,

Mai, Juni, Juli, August, September, Oktober, November, Dezember. Das ist ein Jahr!«

Sie schaut mich an: »Das ist lang.«

»Und nun wollen wir einmal zählen, wieviel hundert Jahre sind: »Ein Jahr, zwei Jahre, drei Jahre, vier Jahre, fünf Jahre, sechs Jahre.«

»So alt bin ich jetzt.«

»Ja, Betty.« Ich zähle weiter: »Sieben Jahre, acht Jahre, neun Jahre, zehn Jahre, elf Jahre, zwölf Jahre (Betty zählt mit), dreizehn Jahre, vierzehn Jahre, fünfzehn Jahre, sechzehn Jahre, siebzehn Jahre, achtzehn Jahre, neunzehn Jahre, zwanzig Jahre.«

»Ist es noch weit bis hundert?«

»Noch ganz weit, Betty.«

Als ich bei fünfunddreißig bin, meint sie: »Und immer noch nicht brauchst du zu sterben?«

»Nein, Betty, und hundert Jahre sind noch viel, viel länger.«

Der Tod scheint damit für sie in weite Ferne gerückt zu sein. Sie gibt sich entspannt und äußert wie so oft: »Jetzt muß ich ganz schnell aufs Klo.«

Wieder holt sie sich das Töpfchen, schiebt es in eine Ecke und setzt sich darauf.

»Hier ist es so gemütlich.« So verharrt sie eine gute Weile. Wir leeren dann gemeinsam das Töpfchen auf der Toilette, nachdem sie immer wieder ihr großes Interesse an ihren Ausscheidungen bekundet hat.

Zurück im Behandlungszimmer bittet sie dann: »Ich möchte gerne Cille streicheln . . . hol doch Cille!«

Beim Streicheln eines Tieres kann ein Kind vieles loswerden und auch viel Liebe zurückerhalten. Das Problem ist hier nur, daß Cille sich von keinem Kind streicheln läßt, sie ist eifersüchtig auf alle Kinder.

»Cille kann gern kommen, Betty. Aber sie wird dich enttäuschen, sie läßt sich nicht streicheln, sie ist eifersüchtig auf alle Kinder.«

»Aber ich habe sie doch so lieb, hol doch Cille.«

Cille reagiert genauso, wie ich vorausgesagt habe. Sie springt sofort auf meinen Schoß und knurrt Betty böse an. Sie darf ihr nicht zu nahe kommen. Jeder Versuch, sie zu streicheln, wird mit rasendem Zähnefletschen und wildem Gekläff beantwortet. Betty ist enttäuscht.

Durch das folgende Gespräch gelingt es nun, diese von Cille demonstrierte Eifersucht therapeutisch günstig auszuwerten. Ich spreche nur mit Cille und sage ihr, daß sie auf Betty doch nicht eifersüchtig zu sein brauche, sie, Cille, sei doch meine Allerbeste, und niemand könne sie verdrängen. Ich merke, wie sich Bettys Gesichtsausdruck verändert, ganz entspannt wird. Sie hört teilnahmsvoll zu.

Ich rede immer weiter mit dem Hund. »Du bist doch meine Allerallerbeste, niemanden habe ich lieber als dich.« Ich streichele sie dabei und bin ganz zärtlich mit ihr.

Jetzt schaltet sich Betty ins Gespräch ein. Sie spricht mit Cille: »Du brauchst nicht eifersüchtig zu sein, deine Mutter hat dich am liebsten von der ganzen Welt.«

Es ist nun deutlich zu spüren, wie sich Betty mit Cille eins fühlt, wie sie sich mit ihr identifiziert, mit ihrem großen Problem der Eifersucht. Es kommt nun auch schon ihr Vorwurf an mich: »Du hast aber auch selbst schuld, daß Cille eifersüchtig ist, warum hast du dir noch ein Kind geholt.« Damit meint sie offensichtlich sich selbst. Dann fährt sie sogleich fort: »Als ich noch ganz allein im Bauch von meiner Mami war, da war es am allerschönsten.«

»Das kann ich verstehen, Betty, da brauchtest du nicht zu teilen.«

»Ach ja«, sagt sie nun tief seufzend, »hattest du denn früher auch einen kleinen Jungen?«

»Du meinst einen kleinen Bruder?« frage ich zurück.

»Ja, hattest du den auch?«

»Ja, den hatte ich auch.«

»Wie hieß denn der?«

»Michael!«

»Ach, Michael«, sagt sie nur, »und wie sah er aus?«

»Er hatte blonde Haare.«

Und nun fällt sie mir ins Wort: »Die hat Sebastian nicht, die hat er nicht; er hat braune Haare . . . Hat dich der Michael denn auch

manchmal gekratzt?«
»O ja, das hat er schon mal.«
»Und dich auch immer beim Malen gestört?«
»O ja, das auch, Betty.«
Jetzt schlägt sie mit ihrer kleinen geballten Faust auf den Tisch, daß Cille aufschreckt.
»Genau wie Sebastian, genau wie Sebastian.«
Und weil sie nun eine Leidensgenossin gefunden zu haben glaubt, wird sie ganz lebendig und redet sich ihren Kummer über Sebastian von der Seele. Und immer wieder kommt die Frage: »Hat das der Michael auch gemacht?«
Dann macht sie eine längere Pause; man merkt, daß sie eine Frage stellen will, die sie tiefer bewegt:
»Und deine Mutter, hat denn deine Mutter den Michael auch immer in Schutz genommen?«
»Ich habe es oft geglaubt, aber es war wohl nicht so.«
»Aber meine Mutter«, ruft sie aus, »die nimmt den Sebastian immer in Schutz; immer, immer nur Sebastian.«
»Ja, das habe ich als Kind auch manchmal geglaubt, Betty.«
»Und wie waren denn all die anderen Leute zu Michael?«
»Ach, die fanden den Michael immer so ganz besonders niedlich, weil er so viel kleiner war als ich.«
»Genauso, genauso ist es mit Sebastian! Alle, alle Leute finden ihn so süß.«
»Weil er eben so viel kleiner ist als du, Betty. Es ist genauso wie bei den Tieren.«
Sie denkt eine Weile nach:
»Die kleinen Hunde und Katzen . . . die mag ich ja auch am allerliebsten . . . wenn sie so ganz, ganz klein sind.« Dazu drückt sie ihre Hände ganz dicht zusammen, als ob sie ein kleines Tierchen darin hielte.
»Siehst du, so geht es auch dir, Betty.«
Sie schweigt wieder eine Weile. Dann: »Aber hatte dich denn deine Mutter lieb?«
»Doch, die hatte mich sehr lieb.«
Nun legt sie ihre kleinen Hände ineinander und sagt beinahe an-

dächtig: »Meine Mutter hat mich auch sehr lieb . . . auch wohl, wenn sie mit mir schimpft.«

»Ja, Betty, auch wenn man mal mit jemandem schimpft, kann man ihn sehr lieb haben.«

Nichts steigert so sehr das Wertbewußtsein des Ich wie die Gewißheit, geliebt zu werden, und nichts verunsichert es so wie die Angst, nicht geliebt zu werden.

Cille liegt immer noch eingeringelt auf meinem Schoß. Ich habe sie die ganze Zeit über hinter den Ohren gekrault, weil sie unser Gespräch nicht stören sollte. Nun ist die Stunde auch beendet. Betty steckt sich noch schnell eine Handvoll Bonbons in die Tasche. Als sie den Raum verläßt, ruft sie nochmals zurück: »Auf Wiedersehen Cille, du kleine Eifersüchtige.«

Anruf von Betty

Am Dienstag morgen klingelt schon sehr früh das Telefon. Es ist Betty. Ihr Anruf gleicht wieder einem Hilfeschrei aus tiefer Angst und Verzweiflung. Sie war heute morgen, wie so häufig, von einem schweren Angsttraum erwacht, dessen Inhalt ihr noch völlig gegenwärtig ist: Der von ihr so sehr geliebte große Hund Arno habe sich geteilt. Eine Hälfte war tot, und die andere Hälfte lebte als Krüppel weiter. Arno ist der Hund ihrer Großmutter.
Es ist zu verstehen, daß Betty von diesem Traum völlig aufgewühlt, ja geradezu verstört war. In ihm drückte sich die Angst vor dem Auseinanderfallen, vor dem eigenen Gespaltenwerden aus. Die Verschiebung der Teilung auf den Hund übernimmt die Traumzensur, die das Abschirmen des Bewußten vom Unbewußten bezweckt und damit vor einer nicht mehr zu bewältigenden Angstüberflutung schützt. »Hilf mir doch, hilf mir doch, Frau Ude, daß das Träumen aufhört.« Nur mühsam kann sie ihre Not in Worten ausdrücken, aber im Schluchzen teilt sich ihr tiefes Elend mit. Nach wenigen Minuten kann sie jedoch schon fragen:
»Kann ich jetzt sofort zu dir kommen? Bitte, bitte, laß mich gleich kommen.«
Ich muß ihr sagen, daß es nicht sofort geht, aber daß sie ja schon nachmittags zu ihrer üblichen Stunde kommen wird.
»Und wann, wann ist das?« fragt sie zurück. Sie scheint zu keiner zeitlichen Orientierung fähig zu sein.
»Schau dir einmal deine Hand an«, sage ich, »es sind nur noch so viele Stunden, wie du Finger an einer Hand hast. Zähle einmal deine Finger.«

Sie zählt: »Eins, zwei, drei, vier fünf.« Ihre Stimme klingt schon wieder etwas froher.
»Bis dann also, Betty, in fünf Stunden.«
Ich lege den Hörer hin, ohne niedergeschlagen zu sein. Betty hat die Kraft gehabt, sich ohne Hilfe mit mir in Verbindung zu setzen.

»Wenn die beiden Knospen der Seerosen aufgehen, kommt ein hübsches Mädchen heraus.«

Betty geht ohne Gruß an mir vorbei, setzt sich sogleich in die Eßecke, kippt die Dose mit Süßigkeiten aus und schiebt ihre Finger spielerisch unter die Häufchen von Bonbons.
»Wie lange darf ich denn noch zu dir kommen?« ist die erste an mich gestellte Frage.
»Solange du magst, Betty.«
»Auch, wenn ich schon ganz, ganz groß bin?«
»Wenn du magst, darfst du auch dann noch zu mir kommen, Betty.«
Bettys Blick fällt auf eine auf dem Tisch stehende Kerze, die mir ein von mir behandelter zwölfjähriger Junge mitgebracht hatte. Er hatte die eine Seite der Kerze mit Blumen bemalt und die andere Seite mit einem finster ausschauenden Jungengesicht. Dazu hatte er geäußert: »Jetzt kann ich die Kerze immer so drehen, wie mir zumute ist, und Sie wissen gleich Bescheid.«
Betty entdeckt die beiden Seiten auf der Kerze. »Sie hat eine gute und eine böse Seite.«
»Ja, Betty, Gut und Böse – beides gehört zum Leben.«
Sie will wissen, wer die Kerze gemacht hat, und schon erwacht die Eifersucht.
»Wen hast du lieber, den Peter oder mich?« Eine klare Antwort scheint ihr heute ganz wichtig zu sein, und so verlasse ich mich nur auf mein Gefühl und sage:
»Dich habe ich am allerliebsten.«
Vielleicht hätte es eine therapeutisch bessere Antwort gegeben. Mir fiel aber ein Ausspruch von Hermann Hesse ein, der eine tiefe

Wahrheit enthält: »Den, der gerade bei mir ist, habe ich am allerliebsten.« Jetzt kann sich Betty auch wieder auf ihre Spielstunde besinnen: »Sag du, was wir heute spielen wollen«, fordert sie mich zum ersten Mal auf.

Ich mache Vorschläge: »Wir spielen Familie ...«

Betty: »Schrecklich!«

»Wir tonen oder zeichnen.«

»Nein!«

»Wir spielen Kaspertheater.«

»Schon besser!«

Inzwischen geht sie zum Waschbecken und läßt immerfort Wasser in die kleine Gießkanne laufen. Die Gießkanne läuft über – das Wasser läuft in das Becken, und nach kurzer Zeit droht auch dieses überzulaufen.

»Ich weiß jetzt, was wir spielen, Frau Ude. Wir beide sind auf dem großen Meer – um uns herum ist nur Wasser, Wasser, Wasser ... Jeder sitzt in einem ganz kleinen Boot, und die Wellen wachsen, sie wachsen immer höher ... und dann schreien wir um Hilfe ... Hilfe, Hilfe, Hilfe ... aber niemand hört uns, der Sturm braust über uns hinweg.«

Diese Überflutungsgefahr stellt sie in höchst dramatischer Weise dar. Während sie laut um Hilfe schreit, kippt sie eine Kanne Wasser nach der anderen auf den Steinfußboden. Als ihr Boot von den hohen Wellen verschlungen zu werden droht, holt sie sich den Kasper. Jetzt taucht ein Riesenkrokodil auf und will das Schiffchen kentern. Der Kasper tötet das Krokodil in einem dramatischen Kampf. Der Sturm läßt nach und das Meer wird langsam ruhiger. Sie bleibt aber noch in ihrem Boot sitzen und platscht mit ihren Händen in den Wasserpfützen herum.

Dann erklärt sie: »Jetzt kann das Krokodil auch wieder lebendig sein, es soll nur im Wasser schwimmen, keinen Menschen, nur Fische fressen.«

In diesem Ausspruch offenbart Betty zum ersten Mal einen gesunden Ansatz im Umgang mit ihren Aggressionen. Das Krokodil – hier symbolisch für ihre Aggressionen – wird nicht vernichtet, das heißt, die Aggressionen werden nicht verdrängt, sondern dem Kro-

kodil wird der »rechte« Platz zugewiesen.
Sie steigt nun aus ihrem Schiffchen heraus, legt auf die Wasserfläche Enten, Fische und eine Plastikseerose. Dann legt sie sich mit dem Bauch in die Schaukel und ruft aus: »Das Meer ist groß und tief . . . ich kann mich darin spiegeln.«
Voller Freude läßt sie sich »über den großen Ozean« schwingen, ganz, ganz lange. Sie kann sich von diesem Spiel nur schwer lösen. Eine tiefe Beruhigung scheint davon auszugehen. Sie schaut auf die im Wasser liegende Seerose und macht die tiefgründige Bemerkung:
»Wenn die beiden Knospen der Seerosen aufgehen, kommt ein hübsches Mädchen heraus.«
Die Uhr schlägt wieder die volle Stunde. Betty füllt ihr kleines Täschchen mit Bonbons. An der Tür dreht sie sich um, um zu sagen:
»Und vergiß nicht, wie schön dieses Spiel war.«
Eine erstaunliche Stunde ist vorüber. Wie eindrucksvoll hat Betty in dieser Stunde die Angst ihres letzten Traumes, die Angst vor dem Auseinanderfallen, vor einer Spaltung ihrer Persönlichkeit, ausgespielt, indem sie die Angst in Überflutungsangst umsetzte.
Wie einem Märchenbuch entnommen, erscheint ihr letzter Ausspruch: Wenn die Knospen der Seerosen aufgehen, kommt ein hübsches Mädchen heraus.
Das Märchen ist voller Weisheiten, man muß es nur in seiner Tiefe verstehen. Es drückt sich, genau wie das freie Spiel und die Träume, in einer verschlüsselten Symbolsprache aus. Diese ist bilderreich und kommt aus den tiefsten Schichten des Unbewußten. Sie ist richtungsweisend für den Prozeß der Persönlichkeitsbildung. So betrachtet, würde Betty mit diesem Ausspruch unbewußt aussagen wollen: »Wenn ich meine inneren Konflikte bewältigt, meinen psychischen Reifungsprozeß geleistet habe, gehe ich als hübsches, das heißt als gesundes Mädchen daraus hervor.«
Solche Stunden wie diese geben dem Therapeuten das sichere Gefühl, dem Kind ein guter Helfer zu sein.

»Was wird, wenn ich ein Baby kriege?«

Betty verspätet sich heute um eine Viertelstunde. Sie kommt recht kleinlaut ins Zimmer und meint:
»Meine Mami hat gesagt, ich soll mich bei dir entschuldigen.«
»Entschuldigen, weil ihr zu spät kommt? . . . Nun, das ist nicht so schlimm, das kann schon mal passieren.«
»Jaja, das habe ich auch immer zu meiner Mami gesagt . . . Ich habe gesagt: ›Nun reg dich doch nicht so auf; Frau Ude ist doch gar nicht so.‹ . . . Meine Mami hat immer geschimpft über den langen Weg und so . . . und als ich eben aus dem Auto stieg, hat sie zu mir gesagt: ›Na, dann geh du man zu deiner Frau Ude.‹« Sie ahmt in Haltung und Stimme ihre Mutter nach.
Betty trägt heute ein Dirndlkleid. Unter der Bluse schaut ein dikker Wollpullover hervor. Indem sie an sich herunterschaut, meint sie: »Meine Mami fand das schrecklich . . . Aber du, du magst mich ja auch so leiden. Du nörgelst nicht immer.«
Meine Art des verstehenden Zuhörens genügt ihr, und so fährt sie fort: »Mein Papi hat auch schon zu meiner Mami gesagt: ›Nun schimpf doch nicht so viel mit ihr!‹«
Sie faßt an den Ärmel ihres Pullovers: »Als ich den angezogen habe, hat sie gesagt: ›Na, meinetwegen zieh das an.‹« Sie dehnt in resignierter Haltung die Worte unendlich lang. Über ihrer Schulter hängt ein kleiner Rucksack. Sie legt ihn ab und äußert: »Da drin sind selbstgegossene Gespenster, Krebse und Spinnen.« Sie legt sie auf den Tisch. Indem sie dann das Bein einer Spinne ganz lang zieht, bis es abreißt, äußert sie mit einem Ausdruck von Schauer und Wonne: »Ach, das mag ich so gerne tun.«

Dann schaut sie mich mit bösen Augen an. Sie schubst mich zur Seite. »Geh weg!« schreit sie mich an.
»Lach nicht so doof . . . Du denkst wohl, ich bin eine Hexe . . . Du hast mich nicht lieb . . .«
Verzweiflung überfällt sie. Sie wirft sich in eine Sofaecke und schreit immerfort: »Sag jetzt, daß du mich lieb hast! Sag jetzt, daß du mich lieb hast!«
Und wie so oft betone ich wieder, daß ich sie ganz lieb hätte. »Ganz gleich, wie du bist, Betty, ob gut oder böse, ob fröhlich oder traurig . . . ich hab dich immer lieb.«
Nun kommen wieder andere Fragen: »Findest du die Kinder in meiner Klasse doof?«
»Ich kenne die Kinder in deiner Klasse nicht, Betty.«
»Aber wenn du sie kennen würdest, hättest du sie dann lieb?« Sie trommelt mit ihren Fäusten auf die Kissen. »Du sollst sie nicht lieb haben!«
»Ich hätte sie auch lieb, Betty! Je mehr Kinder man lieben kann, um so mehr kann man auch eines – dich – lieben.«
Sie schweigt, aber sie ist wieder beruhigt. Sie schaut auf meine weißen Stiefel und meint:
»Heute habe ich in der Stadt weiße Stiefel gesehen, und da dachte ich, das müßtest du sein.«
»Du hast dich also auf diese Stunde mit mir schon gefreut, genau wie auch ich mich immer darauf freue.«
»Ja«, wiederholt sie, »ich hab mich schon so darauf gefreut, daß ich dich wiedersehen kann.«
Sie wendet nun ihr Interesse den Fingerfarben zu und erklärt Rosa zu ihrer Lieblingsfarbe: »Weißt du«, sagt sie, »ich brauche all die anderen Farben nicht mehr, ich brauche nur noch Rosa. Ich will nur noch mit Rosa malen.«
Während sie nun die rosa Farbe auf die Blätter verteilt, erzählt sie von Arno, dem Hund ihrer Großmutter: »Mit Arno kann ich alles machen, der ist groß und stark, er ist ja auch ein Mann, und Cille, die Eifersüchtige, ist klein und frech, sie ist ein Mädchen.«
»Ja, so ist es wohl«, sage ich.
Jetzt zeigt sich wieder Angst auf ihrem Gesicht: »Aber was würde

Cille machen, wenn ein böser Mann in ihre Brust stechen und Blut heraussaugen würde?«

Es ist wieder die gleiche Frage, die sie schon in einer der ersten Stunden gestellt hatte.

Betty hat vor einigen Tagen ein Bild gemalt, das dieses in ihrer Frage enthaltene Angstproblem anspricht. Es stellt einen Hund mit langen Ohren, wie Cille, dar. Der weibliche Körper ist durch die Brustzitzen gekennzeichnet. In dem roten Gebilde erkennt man deutlich einen Penis, der in den weiblichen Körper eindringt (Bild 19).

Jetzt scheint mir eine geeignete Gelegenheit zu sein, um mit Hilfe dieses Bildes auf ihre Frage einzugehen: »Du hast schon einmal gefragt: ›Was wird wohl Cille machen, wenn ein böser Mann Pfeile in ihre Brust schießt.‹«

Sie schweigt.

»So etwa wie auf diesem Bild, wo auch etwas wie ein Pfeil in Cilles Brust schießt«, dränge ich weiter.

Sie äußert sich nicht. Das Problem ist ihr völlig unbewußt.

»Aber der Pfeil sieht gar nicht aus wie ein Pfeil . . . es könnte auch etwas sein, was jeder Junge und jeder Vater hat.«

»Ein Pillermann«, sagt sie spontan.

»Ja, ein Pillermann, Betty, ist aber kein böser Pfeil, und der sticht auch nicht in eine Brust und saugt auch kein Blut heraus.«

Jetzt springt sie auf und ruft: »Ich muß ganz, ganz schnell aufs Klo . . . Komm mit, komm mit . . .« Auf dem Weg dorthin sagt sie: »Was wird, was wird, wenn ich ein Baby mache?«

Sie sitzt nun auf dem Klo und drückt. Ich erkläre ihr, daß sie noch kein Baby bekommen könnte, da müßte sie erst viel größer sein, und daß das Baby auch nicht aus dem Po-Loch käme.

Sie schweigt.

»Aus dem Po-Loch kommt der Rest der Nahrungsmittel, die der Körper nicht mehr gebrauchen kann. Und für das Baby gibt es eine Extraöffnung, die man Scheide nennt.«

»Ja«, sagt sie, »ich weiß, wo das ist, vor dem Po-Loch. Aber wie kann das Baby da heraus kommen, das ist doch ein viel zu kleines Loch.«

Ich erkläre ihr, daß sich bei der Geburt die Scheide wie eine Tür öffnet und das Baby dann ohne weiteres herausschlüpfen kann.
Sie beginnt nun ein bißchen zu kichern und wiederholt immer die gleichen Sätze: »Hier oben«, sie zeigt auf ihren Mund, »stecke ich was rein, und hier unten kommt es wieder raus. Hier oben tue ich Wasser hinein, und hier unten kommt es wieder heraus.«
Als sie das ein paarmal wiederholt hat, sage ich: »Nur beim Baby ist es anders. Es schlüpft durch die gleiche Tür rein und kommt aus der gleichen Tür wieder heraus.«
Dazu bemerkt sie: »Und jeder Junge und jeder Papa hat einen Pillermann, und damit kommt der Samen in den Bauch der Mutter.«
»So ist es«, sage ich, »wenn die Mutti und der Papa sich ganz lieb haben, dann kommt der Samen in den Bauch der Mutter, und dann wird ein Kindchen geboren.«
Obwohl Betty schon lange mit ihrem Geschäft fertig ist, will sie sich nicht vom Klo lösen. Sie macht den Eindruck, als ob sie mir noch etwas erzählen wolle. Auf ihrem Gesicht zeigt sich wieder ein leichtes, nervöses Grimassieren.
»Ich muß dir mal was erzählen. Gestern war ich mit meinem Papi mal wieder in der Sauna . . . Er hat gesagt: ›Du bist ja meine kleine Frau.‹ . . . Dann kam noch ein Mann und eine Frau in die Sauna . . . Der Mann war schrecklich dick . . . Ich konnte seinen Pillermann nicht sehen . . . aber man darf ja auch in der Sauna über keinen lachen . . . Mit Papi bin ich dann immer wieder in die Sauna gegangen und dann wieder ins kalte Wasser . . . Danach waren alle Betten von den anderen belegt. Es war nur noch eines frei, und da mußten Papa und ich uns zusammen drauflegen . . .«
Sie schweigt.
»Ein großer Papa-Mann lag mit seiner kleinen Frau dann also auf dem Bett«, sage ich nur, »und beide waren ganz nackend.«
Sie überlegt eine Weile und meint dann: »Mein Papi ist ja mit meiner Mami verheiratet, aber ich gehe oft mit Papi in die Sauna, und wir sitzen auch manchmal zusammen in der Badewanne.«
»Du hast recht«, bemerke ich, »dein Papi ist mit deiner Mami ver-

heiratet . . . Aber wenn die Mädchen so alt sind wie du, möchten sie am liebsten auch ihren Papi heiraten. Solche Wünsche darf man schon haben . . . Wenn sie dann größer werden, suchen sie sich ihren eigenen Mann, den sie lieb haben und heiraten.«

Nach diesem Gespräch verschließt sie sich wieder. Wir schweigen miteinander, und sie bemerkt lediglich, daß es so gemütlich sei, mit mir gemeinsam auf dem Klo zu sitzen. Dann betrachtet sie voller Interesse ihren »großen Haufen«: »Oooooh, wie der aber stinkt!«, und läuft ins Behandlungszimmer, weil sie noch ganz viel spielen möchte.

Sie entscheidet sich fürs Kneten. Als sie eine Weile ein ganz dickes Stück Knete in ihren Händen gerollt hat, bemerkt sie: »Das ist ein Regenwurm.« Sie drückt ihn dann platt, knetet ihn wieder lang, legt ihn auf eine offene Schachtel, so daß die Hälfte darüber hängt. Dann wird der Deckel von ihr zugeschlagen, so daß der Regenwurm in zwei Teile zerfällt. Dabei muß sie unentwegt kichern.

Sie meint dann: »Der Regenwurm könnte ja mal jemandem in den Po kriechen, vielleicht dir? . . . Oder laß ihn doch mal der Puppe in den Po kriechen.«

Sie schüttet sich dabei aus vor Lachen.

»Es würde dir Freude machen, wenn der Regenwurm in einen Körper kriechen würde?« sage ich so dahin.

Jetzt knetet sie einen »ganz, ganz großen Regenwurm«. »Das ist jetzt der Papa-Regenwurm«, bemerkt sie.

Sie agiert damit, als wolle sie mir damit Angst einjagen. Dann knetet sie viele kleine Knete-Regenwürmer, die dem Papa-Regenwurm über den Körper kriechen sollen. Sie hebt den Papa-Regenwurm in die Höhe und sagt ganz zärtlich: »Das ist doch der Papa« und küßt ihn.

»Du hast den Papa-Regenwurm gern«, sage ich.

»Aber die richtigen Regenwürmer, die im Garten sind, die mag ich nicht anfassen, die kringeln sich um meine Finger und lassen mich nicht mehr los.« Sie schüttelt ihre Hände: »Huuuu, davor habe ich Angst.«

»Mal hast du vor den Regenwürmern Angst, und dann hast du sie wieder lieb«, stelle ich fest, »manchmal möchtest du sie in einen

Körper kriechen lassen, und dann sind es wieder böse Pfeile.«
Sie schaut mich an: »Böse Pfeile von bösen Männern.«
»Ja«, sage ich, »wie auf diesem Bild.«
Wir betrachten noch eine kurze Weile schweigend das Hundebild (Bild 19). Damit ist auch die Grenze der Deutung ihrer unbewußten Ängste erreicht.
Sie holt sich wieder die Nuckelflasche, setzt sich damit in die Schaukel. Während sie sich leise hin- und herwiegt, sagt sie: »Ich bin soooo müde.« Ihre Augenlider werden schwer. Dann sagt sie den erstaunlichen Satz:
»Du bist meine Spiel-Helferin . . . Andere Leute denken vielleicht, daß du meine Mami bist . . .«
»Ja«, wiederhole ich, »ich bin deine Spiel-Helferin, Betty.«
Obwohl der Uhrenschlag immer das Ende der Stunde verkündet, möchte sie noch nicht gehen.
»Eine ganze Nacht möchte ich nur einmal bei dir schlafen, bitte, bitte!«
Mit einer dicken Handvoll Bonbons marschiert sie dann doch davon.
Die vergangene Stunde zeigte wieder ganz deutlich, wie sehr sich Betty im Unbewußten von sexuellen Ängsten bedroht fühlt, von der Angst davor, daß ein Penis in ihren Körper eindringen könnte. Diese Angst hatte sie schon früher in eindrucksvoller Weise auf einigen Bildern dargestellt, so auf Bild 6: »Ein großer Geist beißt Kind ins Blut«, Bild 7: »Mädchenkopf, aus dem Mäuse wachsen«, Bild 14: »Sonne mit bösen Fingern« ebenso wie auch auf Bild 20, das bereits vor der Behandlung gemalt wurde.
Bild 20 ist durch einen schwarzen Strich in zwei Teile geteilt. Links steht ein Mädchen mit einem Penis und abgehackten Armen. Sie ist auf beiden Seiten von spitzen, auf sie zulaufenden Zacken eingefangen. Rechts auf dem Bild ein Mann, mehr ein Geist, ein Geist in der Flasche. Neben dem Kopf wieder zwei Augen. An den vielen kleinen Dingen, die auf den Regalen stehen, erkennt man deutlich zwei Zahnbürsten, so daß es sich hier um eine Badezimmerszene handeln dürfte.
Ihre Bestrafungsangst wird mit den abgehackten Armen, den auf

sie zulaufenden Zacken und den Augen dargestellt. Der Penis ist entweder ein Ausdruck des Wunsches, einen Penis zu haben, oder ein Ausdruck des Wunsches nach Schutz: dann kann niemand in mich eindringen.

Die gleiche dramatische Angst zeigte sich auch in ihren Alpträumen, zum Beispiel in dem Traum (siehe Seite 28), wo Betty und ihre Mutter unter einer Brücke stehen: »Und da war ein Neger« – symbolisch für das Sinnliche, das Sexuelle –, »und der hatte ganz böse Augen« – Bestrafungsangst. Oder wie bei dem Traum von der Kerze mit bösen Fingern (siehe Seite 44).

In ihrem Spiel mit dem Regenwurm (phallisches Symbol) drückt sie ebenfalls ihre Angst davor aus, aber auch ihre Hingabe, ihre Zärtlichkeit, ihre ambivalenten Wünsche: Sie küßt den Papa-Regenwurm, sie läßt die kleinen Regenwürmer über den Körper des Papa-Regenwurms kriechen.

Betty lebt noch in der ödipalen[13] Phase, die eigentlich um das fünfte Lebensjahr herum abgeschlossen sein sollte. Die ödipale Phase ist ein sehr wichtiger Baustein im Entwicklungsprozeß des Menschen. Sie beginnt ungefähr im dritten Lebensjahr.

In dieser Zeit begehrt das Kind den gegengeschlechtlichen Elternteil (gesunde ödipale Bindung). Es findet damit erstmals seine Geschlechtsrolle. Sie kann jedoch nicht gefunden werden, wenn sie dem Kind nicht zur Zeit der »erotischen, sexuellen Antizipation« (Vorwegnahme erotischer Betätigung) lustvoll bestätigt wird. Es ist leicht vorstellbar, daß ohne eine gesunde ödipale Bindung zur rechten Zeit das Finden zum anderen Geschlecht und zu seiner eigenen Geschlechtsrolle für den Erwachsenen später schwierig wird.

Die ödipale Problematik erzeugt – genau wie die vorausgegangene Trotzphase – sehr heftige Gemütsbewegungen beim Kind, so daß es ohne eine gesunde Abstützung durch die Eltern diese Schwierigkeiten nicht meistern kann.

Wenn eine ödipale Bindung allerdings zu stark ist, wenn das Kind

13 abgeleitet von Ödipus, der tragischen Gestalt aus der griechischen Mythologie. Ohne es zunächst zu wissen, heiratete Ödipus seine eigene Mutter, nachdem er den Vater – auch unwissend – umgebracht hatte.

darin fixiert bleibt, sich also aus dieser Bindung nicht lösen kann, dann können sich daraus Neurosen oder auch Perversionen entwickeln.
Ich glaube, es ist deutlich geworden, daß Betty mit diesen Problemen noch nicht fertig geworden ist.

Vatergespräch

Herr Bonsart hat sich trotz starker beruflicher Belastungen für das heutige Vatergespräch freigemacht. Als ich Herrn Bonsart eine Tasse Kaffee anbiete, bittet er auch gleichzeitig um viel Zucker: »Ich brauche viel Zucker . . .«, er lächelt ein wenig, »Ersatz für Liebe, nicht wahr, so deutet man es doch in der Psychologie?«
»Ja«, bestätige ich, »das mag schon so sein.«
Dann beginnt Herr Bonsart sogleich über seinen Familienkonflikt zu sprechen, wie sie sich durch Bagatellen alle aneinander »hochschaukeln« und es dann zu einem Teufelskreis kommt, den man oft kaum glaubt durchbrechen zu können. Dabei kommt er sofort auf den immer noch bestehenden Machtkampf zwischen der Mutter und Betty zu sprechen, der sich vor allem an Bekleidungsfragen entzünde. Allerdings versuche seine Frau wirklich ernsthaft, diesen zu vermeiden.
Über Betty berichtet er, daß sie noch äußerst schwierig sei, allerdings sei ihre »Dramatik« wesentlich milder geworden.
Ich spreche nun kurz über die verschiedenen Reifungsphasen eines Kindes und weise besonders auf die echten Hilfen des Vaters während der ödipalen Phase hin. Dabei erwähne ich, daß besonders ein so stark sensibilisiertes Kind wie Betty viel stärker auf äußere Reize reagiert als ein in sich gefestigtes Kind.
Herr Bonsart stellt von sich aus die Frage, ob es falsch sei, daß er mit Betty gemeinsam in die Sauna ginge, daß sie auch manchmal zusammen in der Badewanne säßen und auch Betty schon mal seinen Penis angefaßt hätte.
Ich bemerke, daß man solche Fragen nicht einfach mit Ja oder mit

Nein beantworten kann, daß auch nicht das reale Geschehen, wie etwa hier das Miteinanderbaden und so weiter, maßgebend ist, sondern daß das Atmosphärische, was dahintersteht, was mitschwingt, die Phantasievorstellungen, die ja echte psychische Realitäten darstellen, dafür entscheidend sind, ob solche engen körperlichen Erlebnisse traumatische Eindrücke beim Kind hinterlassen oder nicht.
Wir betrachten nun noch einmal all die Bilder, in denen Betty besonders deutlich ihre Angst vor dem Eindringen von »Fremdem« in einen weiblichen Körper darstellt. Dem Vater sind alle die Bilder bekannt, zumal er es war, der mit fast pedantischer Sorgfalt die Bilder mit dem Entstehungsdatum versehen und auch Betty jedesmal danach gefragt hatte, was das Bild bedeuten sollte.
Auch Bettys Träume und Darstellungen im Spiel können den Vater sehr schnell von dem bestehenden Konflikt überzeugen.
Dann sage ich: »In seiner Neurose lebt das Kind die nicht aufgelösten Konflikte der Eltern, die meistens unbewußt sind. Man kann auch in die Bindung zu seinem Kind, in den Umgang mit ihm einiges von der Gattenliebe einfließen lassen, deren Erfüllung einem durch eigene ungelöste Konflikte oder aber auch durch einen Partnerkonflikt versagt ist. Ein Kind spürt sehr schnell und sehr fein solche unbewußten Wunschvorstellungen des betroffenen Elternteils, die dann über längere Zeit traumatisierend wirken können.«
Wie bereits im ersten Elterngespräch, so gibt der Vater auch heute sehr nachdenklich zu verstehen, daß es ihm völlig klar sei, wie notwendig eine Verhaltensänderung der Eltern sei, wenn dem Kind entscheidend geholfen werden sollte. Obwohl in diesem Gespräch vieles unausgesprochen bleibt, so habe ich doch den Eindruck, daß hier tiefere, miteinander verkettete Konflikte angesprochen und bewußt gemacht worden sind.
Dann kommt der Vater nochmals auf Bettys Mutter zu sprechen. Er erkennt die Verzahnung der vergangenen Erlebnisse mit den jetzigen Reaktionen, er spricht noch einmal über die Kindheit seiner Frau, die einen zwar sehr klugen, in seiner Fachwelt anerkannten Vater gehabt habe, der ihr aber ganz sicherlich in der ödi-

palen Phase keine echten Hilfen gegeben habe. Auch Bettys Mutter habe zu dem Vater in kühler Distanz gelebt. Er sei äußerst spröde gewesen und habe gewiß seine Gefühle, vielleicht aufgrund eigener Schwierigkeiten, hinter einer rauhen Schale verborgen.
Hier liegen wohl die eigentlichen Gründe, die es Frau Bonsart erschwert haben, ihre eigene Geschlechtsrolle anzunehmen und zu bejahen. Daraus mußten sich naturgemäß auch wieder neue, große Schwierigkeiten zum eigenen Partner und zu ihren Kindern ergeben.
Ich gebe dann dem Vater das Buch *Eltern, Kind, Neurose* von H. E. Richter. Hier steht die Rolle des Kindes in der Familie als Hauptthema im Mittelpunkt. Anhand vieler Beispiele wird dabei aufgezeigt, wie Eltern, die unter dem Druck eigener, ungelöster Konflikte leiden, danach streben, dem Kind eine Rolle zuzuschieben, die vorzugsweise ihrer eigenen Konfliktentlastung dient. Ohne sich darüber recht klar zu sein, belasten sie so das Kind mit den unbewältigten Problemen ihres Lebens und hoffen, sich mit seiner Hilfe ihr Los zu erleichtern. Schon Nietzsche hatte dies erkannt:
»Die unaufgelösten Dissonanzen im Verhältnis von Charakter und Gesinnung der Eltern klingen in dem Wesen des Kindes fort und machen seine innere Leidensgeschichte aus.« *(Menschliches, Allzumenschliches)*
Schließlich überreicht mir Herr Bonsart noch eine Zeichnung von Betty, die sie am Tag der letzten Behandlungsstunde zu Hause gemalt hat (Bild 21). Dabei erwähnt er in bezug auf unser erstes Gespräch, daß Betty im Vergleich zu früher kaum noch malt.
Die Zeichnung zeigt links die Darstellung einer sehr realistischen Geburt: das Kind im Steckkissen, durch die Nabelschnur noch mit der Mutter verbunden. Die Geburtsszene ist in einem schwarzen Viereck von dem anderen Geschehen abgeschlossen. Darunter finden wir ein rotes Herz.
Rechts – der Geburt gegenüber – steht der Tod. Wenn man ihn genau anschaut, ist er nicht mehr so furchterregend wie auf früheren Bildern. Er tanzt und trägt auf dem Kopf ein amüsantes Schleifengebilde. Vergleichen wir ihn mit den anderen Totenbil-

dern, so finden wir, daß er seine Starre, seine Unausweichlichkeit, seine Dramatik verloren hat. Das Leben scheint allmählich das Übergewicht zu bekommen. In der Mitte der Zeichnung sind wieder Geburtsthemen dargestellt, unter anderem ein Embryo und ein Baby. Es scheint also, als werde der Todestrieb allmählich überwunden.

Aber der Weg zur dauerhaften Gesundung wird wohl noch weit sein, und mit Rückschritten werden wir sicherlich noch rechnen müssen. Der Ursprung für Bettys Störungen wurde ja schon in den ersten Lebenstagen gesetzt. Ich hole noch einmal Protokolle von früheren Muttergesprächen hervor. Hier nur zwei kurze Abschnitte:

. . . Frau Bonsart kommt nochmals auf ihre Depressionen zu sprechen, die sie trotz der gemeinsamen Vorfreude mit ihrem Mann gleich nach Bettys Geburt gehabt habe. Dennoch sei Betty nicht vernachlässigt worden. Wörtlich sagt Frau Bonsart: »Mir war das Kind geradezu ein Trost in der für mich sehr schweren Zeit.«

»Wenn der Säugling für Sie ein Trost war, so hat er Ihnen zwar etwas gegeben, aber es ist die Frage, ob er auch genug von Ihnen bekommen hat?«

Frau Bonsart wehrt ab: »Aber der Säugling nimmt doch in den ersten Wochen kaum etwas von seiner Umgebung in sich auf.« »Nein, so ist es nicht!« erwidere ich, *»vom ersten Tage ab sind die Gefühlsbeziehungen zwischen Mutter und Kind Weichensteller für den zu leistenden Reifungsprozeß. Die gesamte spätere Entwicklung wird entscheidend davon beeinflußt.«*

Ich erkundige mich, ob Betty gefremdelt hat, das heißt, ob sie geweint hat, wenn im zweiten Halbjahr ihres Lebens ein Fremder in ihr Bettchen geschaut hat. »Betty hat nie geweint, sie hat immer jeden Fremden freundlich angelächelt«, kommt die Antwort prompt zurück.

Vom sechsten bis achten Monat ab muß der Säugling gefühlsmäßig das Muttergesicht (das Gesicht seiner Bezugsperson) von dem einer fremden Person unterscheiden können. Hat er diese Fähigkeit erworben, so befällt ihn Angst, und er weint beim Anblick eines fremden Gesichtes. Dieses Weinen nennt man Fremdeln. Das Ausblei-

ben des Fremdelns ist ein sehr ernst zu nehmendes Symptom. Es ist ein Zeichen dafür, daß er keine ihm Lebensfreude spendende Bezugsperson finden und damit kein Urvertrauen aufgebaut werden konnte. Der Säugling ist dann schon in seiner psychischen Entwicklung zurückgeblieben.

»Hat es denn auch etwas zu bedeuten, daß Betty meinen Mann und mich bis zum Alter von eineinhalb Jahren, vielleicht noch etwas länger, nur mit ›Papi‹ angeredet hat?« fragt mich Frau Bonsart.

»Sicherlich wurde durch Ihre Depression auch der stimmliche Kontakt mit dem Säugling beeinträchtigt. Es kam wohl dann nicht zu dem, was ich einmal Zärtlichkeitsgezwitscher nennen möchte, bei dem die Mutter dem Säugling immer wieder das Wort ›Mama‹ aus einem inneren Bedürfnis vorsagen muß.«

Eine psychisch gesunde, glückliche Mutter verfügt über eine unendliche Skala von Möglichkeiten, dem Kind Zärtlichkeitsgefühle über ihren Körper, beginnend beim Stillen, über ihre Hände, Augen und Stimme mitzuteilen. Sie weiß instinktiv auf die Bedürfnisse des Säuglings zur rechten Zeit einzurasten und gibt ihm damit die notwendigen Reifungshilfen, ohne die es kein soziales Wesen werden kann.

Bei einem Kind, dem in der frühesten Phase seines Lebens so viel versagt blieb, wird der Heilungsprozeß wohl noch lange Zeit beanspruchen.

»Alles, die ganz Welt ist Gift . . . Jetzt schaffen wir beide uns hier ein Paradies, das immer so bleiben wird, bis wir sterben . . .«

Ein neuer Dienstag ist da und wieder eine neue Stunde für Betty. Sehr traurig erscheint sie mir heute. In ihren Armen trägt sie ihr Nuckeltuch und ihren Lieblingsbären, wie sie sagt. Beides will sie heute bei mir verstecken.

»Nicht hier«, meint sie, »wo noch so viele andere Kinder herkommen, sondern in deinem anderen Zimmer, wo du ganz allein bist.«

In meinem Bett versteckt sie ihren Bären und ihr Nuckeltuch. Sichtlich befriedigt äußert sie dann: »So, hier ist alles sicher, auch vor Sebastian.«

Im Behandlungsraum angekommen, interessiert sie sich heute für nichts, weder für die Schaukel, noch für Süßigkeiten. Sie verkriecht sich in den weichen Sessel.

»Heute bin ich traurig«, sagt sie mit leiser Stimme.

Ich nicke ihr zu.

Sie fährt fort: »Alles, alles, die ganze Welt ist Gift!« Danach mit einer gleichbleibend traurigen Stimme:

»Jetzt schaffen wir beide uns hier ein Paradies, das immer so bleiben wird, bis wir beide sterben . . . Die Fenster sollen nie mehr geöffnet werden, nur uns beiden gehört dies Paradies . . . bis wir sterben.«

Ich bin von diesem Rückfall tief betroffen, lasse mir aber nichts anmerken, sondern sage nur: »Du bist jetzt eine Blume, die von vielen Schneeflocken eingeschneit werden möchte.«

Sie schaut mich mit unendlich traurigen Augen an: »Ja, mach doch, daß es schneit.«

Durch eine gute Eingebung hatte ich heute einen großen Karton weißer Holzwolle in den Behandlungsraum gestellt. Sie eignet sich wunderbar zum »Schneien«. In kleinen Fetzen werfe ich nun die Holzwolle in die Luft, und herunter rieseln in Bettys Phantasie die Schneeflocken. Alles soll von Schnee zugedeckt werden.
Sie gibt Anweisungen, indem sie mit ihrem Zeigefinger auf die Dinge weist: »Da die Schaukel ... und nun das kleine Schaukelpferd ... die Kasperbude, der Puppenwagen.« Der ganze Spielraum wird in eine Schneelandschaft verwandelt.
Dann rieselt die Holzwolle – der Schnee – über ihren ganzen Körper, über ihr Gesichtchen: »Und ich bin eine Blume, und nun deckt der Schnee mich zu.«
Ich lasse das Spiel ganz, ganz langsam ablaufen. Beim Herunterfallen der Schneeflocken lasse ich sie ihren Körper erleben, indem ich aufzähle, was nun von den Flocken bedeckt wird: »Das rechte Bein, das Knie ...« Auch beim Gesicht wird alles erwähnt, die Nase, der Mund, die Augen ...
So nimmt dieses Spiel allmählich einen kleinkindhaften Charakter an, indem die Mutter immer wieder fragt: »Wo ist denn die Nase?«, und das Kind mit dem Finger darauf tippt und selig ausruft: »Daaaa!«
Die große Trauer scheint allmählich zu weichen, und sie beginnt zu erzählen, wie lieb sie ihre Mami habe: »Meine Mami liebe ich am allermeisten, weil es ja meine Mutter ist ... aber dich liebe ich am allermeisten ...«, doch sofort wieder eine Korrektur: »Nach meiner Mami.«
Das Spiel hat sich über die ganze Stunde ausgedehnt. Als sie hinausgeht, findet sie einen kleinen Holzzweig. Sie gibt ihn mir und sagt: »In der nächsten Stunde hängen wir Ostereier daran.«
Das Osterei ist ein verheißungsvolles Symbol, ein Symbol des Kommenden, des Werdenden. Nach einer so tiefen Regression – bis zum Sterben – findet sie wieder neue Kraft zum Leben!

»Wenn man tot ist, ist alles vorüber!«

Betty kommt heute ganz forsch in einem Indianerkostüm. Um die Hüfte hat sie sich noch eine ganz bunte Schärpe gebunden. Sie sieht äußerst unternehmungslustig aus.
Dann baut sie sich vor mir auf und nimmt eine ganz autoritäre Haltung ein: »Wie siehst duuuu denn heute wieder aus . . . Zieh jetzt soooofort ein anderes Kleid an!« Ihre Augen blitzen.
Ich erkläre murrend, daß ich dazu keine Lust hätte und überhaupt fände ich dieses Kleid ganz hübsch.
»Ach!« sagt sie abweisend und beginnt in einem Karton zu wühlen, worin Kinderkostüme, Stoffreste und Schleifen aufbewahrt sind. Sie wickelt mir dann mit einer unfreundlichen Geste ein breites grünes Seidenband um die Taille:
»So siehst du schon etwas besser aus.«
Sie bleibt vor mir stehen, überlegt ein wenig und meint dann: »Wir könnten ja mal beide einen Ringkampf machen . . .«
»O. K., Betty.«
»Aber ich bin sehr stark«, warnt sie.
»Wir werden es ja sehen.«
Ich strenge mich bewußt etwas an, um ihr das Gefühl eines harten Kampfes zu geben. Dann sagt sie ganz kindlich: »Soooo darfst du dich nicht anstrengen. Ich muß gewinnen.«
Auf dem Boden liegend, spüre ich deutlich, wie starke Aggressionen durchbrechen wollen. Ich muß immer sehr aufpassen. Als sie dann äußert: »Du hast wohl Angst, daß ich dir diesen Stock ins Gesicht schlage«, sage ich schnell: »Das geht gegen unsere Spielregeln, aber man kann ja ein Gesicht an die Tafel malen.«

Sie bringt mir Kreide: »Male auf den Punchingball ein Gesicht.«
Ich tue es.
Sie bringt mir nun gelbe Kreide: »Und damit auf die andere Seite einen Po.« . . . Ich ziehe zunächst einen Kreis.
Danach taucht sie ihre Finger in schwarze Farbe und gibt dem Po einen Strich: »So, das ist der Po-Strich, und das ist das olle Po-Loch.« Mit ihrem Finger bohrt sie darin herum.
Dann entlädt sie an diesem Punchingball eine massive Aggression. Sie beschimpft ihn: »Du hast Sebastian geschlagen, jetzt warte, dafür schlage ich dich.« Mit einem großen Stock schlägt sie wild auf ihn ein.
»In dein Po-Loch stecke ich jetzt diesen Stock.« Sie spuckt ihn an, wechselt die Gegenstände im Schlagen, mal die Boxhandschuhe, dann den Handfeger, dann den Stock. Indem sie ihn immerfort anspuckt, schreit sie ihn an: »Kacke hast du an deinem Po . . . pfui, pfui, pfui, ich will Dich nicht mehr sehen. Du kommst in die Müllkippe, in das Klo, da ziehe ich, du wirst klein gemahlen, wie Max und Moritz, da fressen dich die Tiere.« . . . Sie hat eine Riesenskala vom Schimpfworten und schlägt und boxt auf den Ball bis zur Erschöpfung.
Danach sitzen wir beide auf der Erde, auf einem Schaffell. Sie zeigt auf den Punchingball, schaut mich an und blödelt: »Nicht, der da, der ist ganz, ganz doof?«
Ich nicke.
»Aber ich bin lieb, ich bin lieb und niedlich.«
»Das bist du, Betty.«
Dies Spiel wiederholt sie nun einige Male, und dabei rückt sie mir immer etwas näher. Aber Distanz ist ihr noch sehr wichtig.
Kinder, deren Bedürfnis nach Kontaktwärme, Hautkontakt und Zärtlichkeit in der Säuglingszeit – und auch danach – nicht ausreichend befriedigt worden ist, zeigen oftmals später eine Furcht vor Berührung, vor zu großer Nähe. Wenn ein lebenswichtiges Bedürfnis nicht befriedigt wird, entsteht ein Schmerz. Mit einem ständigen Schmerz kann der Mensch nicht leben, und darum muß er verdrängt werden. Später kann jede Zärtlichkeit, jede Liebko-

sung diesen verdrängten Schmerz wieder hochreißen, und darum wird zum Schutz eine Angst vor Berührung entwickelt.
Diese Angst ist bei Betty deutlich spürbar – doch in diesem Augenblick auch das Verlangen nach Zärtlichkeit. Sie ist in einem Zwiespalt. Ich versuche nun, sie zu liebkosen, indem ich ihr sage, warum sie so niedlich ist. »Wegen deiner schönen braunen Augen, wegen deines roten Mundes ... deiner kleinen Nase, deiner Hände ...« Sie beginnt, sich dabei entspannt auszustrecken, und scheint diese Art der Zärtlichkeit zu genießen.
Mit Hilfe des grünen Seidenbändchens, das sie mir zu Beginn der Stunde um die Taille gewickelt hat, versuche ich nun, Hautkontakt herzustellen, indem ich damit nacheinander verschiedene Körperteile von ihr berühre. Genau wie zuvor erwähne ich dabei: »Das ist der Fuß, und das ist das Bein ...« Als das Bändchen alle Körperteile berührt hat, gibt sie Anweisung: »Und jetzt das Gesicht, und jetzt die Nase, und jetzt der Mund ...« Zwischendurch bemerkt sie: »Aber du kannst mich nicht berühren, es ist nur das Band.«
»Nur das Band kann dich berühren«, betone ich zu ihrer Beruhigung.
Auf ihrem Gesicht ist nichts mehr von Haß und Aggression zu sehen, es ist völlig entspannt.
Dann beginnt sie zu sprechen. »Du freust dich doch, daß du so ein kleines Mädchen wie mich hast?«
»Ja, das tue ich, Betty.«
»Ich werde immer, immer zu dir kommen.«
»Solange du magst, Betty.«
»Aber du hättest mich nicht zum Spielen einladen dürfen, weil du eine so eifersüchtige Cille hast.«
»Ach, sie wird es eines Tages schon begreifen, daß du sie nicht verdrängen willst.«
Sie tut einen ganz tiefen Seufzer und meint: »Ach ja, wenn man tot ist, ist alles vorüber.«
Sie schweigt eine Weile, ihr großes Eifersuchtsproblem scheint ihr bewußter zu werden: »Die Cille ist so eifersüchtig auf mich wie ich auf Sebastian.«

Ich wiederhole ihren Satz: »Ja, die Cille ist so eifersüchtig auf dich, wie du auf Sebastian.«
Dann wechselt sie zum Thema Schule über. Ich erkundige mich nach der Stummen.
»So ganz stumm ist sie nicht mehr . . . aber man ist trotzdem immer so allein . . . in den Pausen . . . und so . . . die Kinder sind anders . . .«
»Vielleicht fühlt man sich selbst manchmal anders als die anderen«, sage ich so dahin.
Ihrer Brust entringt sich ein tiefer Seufzer. »Ach ja«, meint sie nur. Aber sie mag nicht weiter darüber sprechen.
»Erzähle mir doch ein Märchen«, bittet sie.
Das Märchen stellt ein gutes Hilfsmittel in der Therapie dar. Es kann, richtig ausgewählt, zu einer Befreiung und auch zu einer Bewußtmachung eines psychischen Problems verhelfen. In diesem Augenblick fällt mir aber kein passendes Märchen von Grimm oder Andersen ein, und so überlasse ich mich selbst meiner Phantasie. Ich erzähle ihr ein spontan erdachtes Märchen von einer kleinen Gänsemagd, die mit ihren Gänsen immer auf eine schöne bunte Wiese geht, wo Blumen blühen, frisches Gras für die Tiere wächst, wo die Fliegen umhersummen, die Sonne scheint und auch der Wind weht, wo es nach vielen Kräutern und Blumen duftet und wo sich die kleine Gänsemagd immer voller Freude mit ihren Gänseküken niederläßt.
»Nun merkt die kleine Magd, daß ein Gänseküken immer an ihrer Seite sitzen will, nicht mit den anderen zusammen sein mag. Dieses Gänschen hat auch eine ganz andere Farbe als die anderen. Es ist weiß, während die anderen alle gelb sind. Und darum fühlt es sich anders und hockt immer traurig an der Seite der Gänsemagd. Das rührt die Magd. Dann liest sie eines Tages in einem dicken Buch, daß man mit gelbem Blütenstaub dieses Gänschen auch gelb machen könnte. Nun sammelt sie viele, viele Tage diesen gelben Blütenstaub, und als sie genug hat, schüttet sie diesen über das weiße Gänschen, und da ist es auch, wie die anderen, ganz gelb.«
Ganz erleichtert ruft Betty aus: »Und dann war alles gut mit dem Gänschen.«

»Nein«, fahre ich fort, »eben nicht, denn das Gänseküken konnte nicht glauben, daß es nun nicht mehr anders war, und so blieb es immer weiter traurig neben der Magd sitzen.«
Diese Geschichte scheint Betty sehr zu fesseln, ihre Augen blicken mich ganz erwartungsvoll an.
Ich fahre fort: »Dann setzte die Magd das Gänschen eines Tages einfach zwischen die anderen Gänschen. Da hatte es zuerst große Angst vor ihnen, aber als es merkte, daß auch die anderen mit ihm spielen wollten, auch mit ihm schnäbelten, bekam es langsam Mut und konnte nun auch glauben, daß es genau so war wie die anderen. Und dann wurde es ganz lustig und spielte immerfort im Kreise der anderen Gänschen.«
»War das aber ein schönes Märchen«, sagt Betty »konnte denn das Gänschen nun auch immer richtig glauben, daß es gelb war?«
»Ja«, sage ich, »es hat ja nun erlebt, daß es so war wie die anderen, und darum konnte es auch immer daran glauben.«
»Die Gänsemagd hat das Gänschen aber lieb gehabt«, meint sie dann »sie hat ihm geholfen . . . sie war auch eine Helferin.«
»Das war wohl so, Betty.«
»Und sie hatte das Gänschen genauso lieb, wie du mich?«
»Genauso!«
Als sie den Behandlungsraum verläßt, meint sie: »Ach, war das heute eine schöne Stunde . . . Und nächstes Mal streichelst du mich weiter mit dem Bändchen und erzählst mir wieder so ein schönes Märchen.«

Bettys Elektroenzephalogramm

Der seit Tagen erwartete Brief mit dem medizinischen Untersuchungsbefund des bei Betty gemachten E. E. G. (Elektroenzephalogramm) ist eingetroffen. Das E. E. G. wurde auf ausdrücklichen Wunsch der Eltern gemacht. Der Beweggrund war folgender:
Betty wurde von ihrer Mutter wegen ihrer angeblichen Unordnung gerügt. Daraufhin war Betty in die Küche gelaufen, hatte sich das Brotmesser geholt und war damit wieder in das Wohnzimmer gestürzt, wo sich die Mutter aufhielt. Frau Bonsart hatte sich über dieses Ereignis sehr aufgeregt, in dem sie eine persönliche Bedrohung sah. Auch im Interesse von Sebastian wollten die Eltern durch ein E. E. G. klarstellen, ob dieses Ereignis eventuell mit einer – ja auch schon früher von ihnen vermuteten – frühkindlichen Hirnschädigung in Verbindung zu bringen sei.
Ich öffne den Brief und lese erleichtert das Untersuchungsergebnis: »Keine Anzeichen, die auf einen Hirnschaden hinweisen, lediglich zeigt sich eine Retardierung von einem Jahr.«
Letzteres ist im Hinblick auf Bettys schwere psychische Angstsymptomatik nicht überraschend.

»Komisch, du weißt immer, was ich nötig brauche!«

Betty macht heute einen ganz verstörten Eindruck. Sie sieht auch sehr elend aus und läuft unkonzentriert durch den Raum. Die Bonbons schubst sie vom Tisch: »Die stinken, die mag ich nicht.« Wieder beginnt sie, auf die Erde zu spucken.
Sie holt sich Ton: »Heute will ich ein Gespenst backen . . . es soll des Nachts leuchten . . . und dann will ich es an mein Bett hängen. Huuuu!«
Sie wirft den Ton wieder fort und holt sich Kreide. Damit malt sie wortlos ein riesengroßes, hohläugiges Gespenst auf die Erde. Farbe kommt auf ihr Kleid.
»Wenn ich mich heute schmutzig mache, macht es nichts, meine Mami ist wieder verreist.«
Sie malt weiter an ihrem Gruselgespenst und fährt fort: »Wenn ich mich schmutzig mache, schimpft meine Mami, und dann bekomme ich immer Angst.«
»Aber man kann auch nicht immer sauber sein, Betty, wenn man arbeitet, wird man schmutzig.«
Ganz monoton wiederholt sie meinen Satz: »Man kann nicht immer sauber sein, wenn man arbeitet, wird man schmutzig.«
Dabei malt sie ein weiteres riesengroßes Schreckgespenst auf den Fußboden: einen Saurier mit fünf Riesenmäulern und zwei furchterregenden Augen, die sich nach allen Seiten verdrehen können.
Dann erhebt sie sich von der Erde, betrachtet ihr Gespenst und sagt leise vor sich hin: »Wir könnten es ja gesund machen.«
Sie greift zur Nuckelflasche: »Tu Milch hinein.«

Nuckelnd schlendert sie lustlos durch den Raum. Sie entdeckt einen großen Pappkarton.

»Komisch, du weißt immer, was ich nötig brauche!«

Sie steigt hinein, legt sich hin und zieht die Knie bis unter das Kinn.

»So, nun mach den Deckel ganz zu . . . . kein Lichtschimmer darf hereinfallen . . . es muß ganz dunkel sein . . . und dann wiege mich hin und her . . . aber ganz still mußt du sein.«

Ich tue alles, was sie wünscht, schließe den Karton, lege noch eine Decke darüber, damit es ganz dunkel ist, und wiege sie langsam darin hin und her . . .

Bis zum Ende der Stunde.

Aber sie will noch nicht gehen . . .

»Nur noch eine Minute«, bettelt sie. Sie ist wieder sehr aktiv geworden. Blitzschnell malt sie auf Pappe einen Totenkopf, bohrt einen langen Stock hindurch, stellt diese »Fahne« in den Pappkarton und erklärt nun diesen zu ihrem Piratenschiff: »Damit werde ich in der nächsten Stunde spielen.«

Jetzt kann sie sich schnell ohne weiteres lösen.

»Nie, nie wieder komme ich zu dir!«

Alleingelassene Kinder werden häufig von ihren Eltern auch noch zusätzlich mit angstmachenden Verboten belastet: »Laß niemanden herein!« – »Feuer ist gefährlich!«
Denken wir an den *Struwelpeter,* wo es heißt: »Konrad, sprach die Frau Mama, ich geh fort und du bleibst da!« Mit erhobenem Zeigefinger spricht sie dann ihre Verbote aus.
Wie sieht es damit bei Betty aus?
Um sie zu testen, habe ich heute eine große Streichholzschachtel auf den Tisch gelegt. Wir werden sehen, wie sie darauf reagiert.
Betty kommt heute ganz resolut ins Spielzimmer. Sie beanstandet zunächst, daß die Fenster geöffnet sind: »Mach die Fenster zu! . . . Du weißt doch, daß ich das nicht haben mag . . . Es könnten Leute hereinschauen.«
Dann geht sie zum Eßtisch. Sie dreht an der Kerze und meint: »Dies ist die böse Seite.«
»Ja, Betty, sie hat zwei Seiten, eine gute und eine böse.«
Sie schaut auf die Streichhölzer: »Das ist Feuer . . . hier in dem Kasten . . . das ist gefährlich . . . das ganze Haus kann aufbrennen . . . schnell, schnell, tu sie weg!«
Sie schiebt mir angstvoll die Streichholzschachtel entgegen.
»Du hast recht, Betty, Feuer kann gefährlich werden; aber wenn man richtig damit umzugehen weiß, ist das Feuer auch ein Helfer.«
»Nein, nein, nein!« schreit sie angstvoll. »Meine Mami hat gesagt, daß Feuer ganz gefährlich ist; das Haus und alles kann aufbrennen, und dann kommt es an mein Kleid und brennt mich ganz

auf, und dann bin ich tot.«
»Du hast also große Angst vor dem Feuer?«
»Tu sie weg, tu sie weg!« fordert sie wieder mit einer abwehrenden Handbewegung zur Streichholzschachtel.
»Wenn man ein brennendes Streichholz ins Wasser hält, muß es sofort erlöschen, Betty.«
»Nein, kein Streichholz anzünden, tu es jaaaa nicht.« Sie schaut mich mit flehenden Augen an.
»Ich werde es auch nicht tun, Betty, es sei denn, du erlaubst es mir. Aber es würde ganz bestimmt nichts passieren. Wir würden vorher einen Topf mit Wasser auf den Tisch stellen, und darin muß die Flamme sofort erlöschen. Du kannst es mir glauben.«
Sie wartet eine Weile. Verbote reizen ja auch allgemein zum Übertreten. Und schon kommt ihre Einwilligung.
Ich setze, wie verabredet, einen Topf Wasser auf den Tisch und erkläre ihr, wie man ein Streichholz anzündet.
»Nun mach es schon, Frau Ude!«
Die Flamme brennt, ich tauche sie in das Wasser. Sie verfolgt den Vorgang mit großem Interesse:
»Mach es nochmal! . . . Und nochmal! . . . Und nochmal!«
Ganz zaghaft zündet sie dann selbst das Streichholz an und löscht es im Wasser, immer wieder und immer wieder, bis die Schachtel leer ist.
Dann erhebt sie sich und meint: »Wir wollen uns jetzt verkleiden.«
Während sie sich ein Indianerkleid überzieht, binde ich mir eine bunte Schärpe um. Blitzartig verwandelt sie sich in eine Megäre.
»Du ziehst nur das an, was ich dir sage.«
Sie reißt mir die Schärpe vom Leib.
Ich mucke etwas auf.
»Du rührst dich nicht vom Fleck!«
Sie verkleidet sich in eine Indianerin. Dann beginnt sie, mich anzuziehen. Mit knappen, unfreundlichen Handbewegungen schlingt sie ein langes Tuch um meine Hüfte und erklärt, daß ich doof aussähe. Dann malt sie eine schreckliche Hexe auf die Erde, mit riesigen Augen. Unter das Kleid setzt sie gelbe Flammen. Zu mir sagt sie dann:

»Und du bist meine Dienerin: Hol mir das Gewehr!« Immer wieder muß ich den Bolzen in das Gewehr schieben, womit sie die Hexe mit einer unheimlichen inneren Spannung erschießt. Und immer wieder sind es die Augen, die sie mit den Bolzen vernichten will.

In solchen Phasen ist sie wie von einem Rausch befallen, wo sie nichts anderes mehr wahrzunehmen scheint. Sie ist völlig außer sich.

Dann zieht sie ihr Indianerkleidchen aus, wirft es mir entgegen und meint:

»Du kannst es ja mal anziehen.«

Ich halte es mir vor den Leib und sage: »Das würde mir wohl nicht passen, höchstens als Röckchen.« Dabei lächele ich ein wenig.

Wieder beginnt sie zu schreien: »Lach nicht so doof, lach nicht so doof, du willst mich immer nur auslachen.«

Sie schlägt auf mich ein.

»Du willst also mit mir Ringkampf spielen?« Und ich reagiere ein wenig auf ihren Angriff. Da beginnt sie hysterisch zu schreien: »Du hast mich geschlagen, nie, nie wieder komme ich zu dir! Ich werde allen sagen, daß du mich geschlagen hast.« Sie wirft sich auf die Erde und macht eine schlimme Szene.

Ich kann ihr nicht helfen.

In der ersten Stunde schon hat sie mich gefragt: »Bist du vielleicht gar nicht Frau Ude, bist du verzaubert?« Ich hatte ihr geantwortet: »Das mußt du selbst herausfinden.«

Ich bleibe schweigend neben ihr stehen, bis sie allmählich wieder ruhiger wird.

Die Nuckelflasche möchte sie heute mit nach Hause nehmen.

»Auf Wiedersehen, Betty.«

Schweigend verläßt sie den Raum.

»Jetzt ziehen all die bösen Geister durch den Schornstein ab!«

Betty trägt noch ihren Schulranzen auf dem Rücken. Sie kommt direkt von der Schule in die Behandlung. Hier wirft sie sofort den Ranzen ab, zieht Hose und Pullover aus und schreit: »Ich muß alle meine Kleider waschen ... alles, alles muß ich waschen ... ein Junge hat mich angespuckt.« Sie ist außer sich.
»Und du meinst, deine Kleider sind jetzt so schmutzig, daß du sie waschen müßtest?«
Sie steht vor mir, wie zu einer Salzsäule erstarrt: »Ich ekele mich so, Frau Ude, ich ekele mich so ... Ich muß mich waschen, alles, alles muß ich waschen. Wie kann ich denn den Ekel abwaschen?«
Ekelgefühle sind meistens gekoppelt mit Eßstörungen, Brechreiz und Erbrechen. Es ist eine Vermaschung von Symptomen, die ihre Wurzeln in der frühesten Säuglingszeit haben.
Sie läuft in die Eßecke und stützt voller Verzweiflung ihre Ellbogen auf den Tisch, um ihr Gesicht mit den Händen zu verdekken.
»Ich muß telefonieren ... Lisa muß mir saubere Kleider bringen.«
»Ich glaube nicht, daß deine Kleider schmutzig geworden sind, Betty. Aber der Ekel in dir quält dich so.«
So sitzt sie eine gute Weile, schüttelt sich häufig und schimpft über den bösen Jungen. Allmählich wird sie etwas ruhiger.
Sie greift zur Streichholzschachtel und fragt, ob wir wieder damit spielen wollen.
»Mit dem Feuer kann man nicht spielen, Betty, aber wir können

es genauso wie in der letzten Stunde machen.«
Wir setzen wieder einen Topf mit Wasser auf den Tisch, und Betty beginnt mit dem Anzünden der Streichhölzer. Nach kurzer Zeit meint sie dann: »Ein ganz, ganz großes Feuer möchte ich mal machen.«
»Das können wir nicht hier auf dem Tisch, Betty. Aber wir haben einen Raum mit einem Kamin, wo wir ein großes Feuer machen können. Wenn du willst, können wir dorthin gehen.«
Dazu ist sie sofort bereit. Sie zieht sich jetzt auch Pullover und Hose an und geht mit mir in den Kaminraum.
»Nun, was brauchen wir zuerst, Betty?«
»Einen großen Eimer mit Wasser«, meint sie.
»Das ist wichtig, Betty.«
Dann legen wir Zeitungspapier und etwas Kleinholz aufeinander, und Betty zündet das Feuer an. Das Flackern und das Knistern faszinieren sie. Wir schauen beide schweigend in die Flammen. Dann malt sie auf Zeitungspapier ihre Hand und legt sie in die Flammen.
»Jetzt verbrennt meine Hand.« . . . Sie malt die andere Hand und tut damit das gleiche.
»Dann kommen die Füße.« . . . Sie verbrennt sich quasi selbst. Wir schauen beide zu, wie die Flammen die von ihr aufgezeichneten Formen erfassen und langsam verbrennen.
Das Sichreinwaschen oder Sichverbrennen hat für das Unbewußte die gleiche Wirkung. So hat ihr Unbewußtes wieder einen Weg gefunden, sich von tieferen psychischen Konflikten zu befreien.
Dann wechselt das Geschehen. Sie malt Gespenster auf das Zeitungspapier und legt sie in die Flammen. Ihre Augen weiten sich, wenn die Flammen den Leib des Gespenstes erfassen. Der größte Genuß aber ist für sie, wenn am Ende das Zeitungspapier verglimmt, sich krümmt und durch den Sog des Schornsteins in die Höhe gezogen wird.
Diese Geisterverbrennung setzt sie bis zum Ende der Stunde fort.
Als Lisa sie abholt, ruft sie ihr aus dem Fenster zu: »Lisa, guck mal, jetzt ziehen all die bösen Geister durch den Schornstein ab.«

»Weißt du, heute war es wie im Paradies!«

In der nächsten Stunde weiß Betty sofort, was sie tun will. Wie letztes Mal: Geisterverbrennung.
»Komm schnell, wir dürfen keine Zeit verlieren.«
Als wir den Behandlungsraum verlassen wollen, bleibt sie zögernd vor mir stehen.
»Nun, Betty?«
»Ich möchte gern, daß du mich hinaufträgst!«
Schon zieht sie ihre Schuhe aus und legt sich in meine Arme. Zunächst versucht sie, diese Babysituation in ein anderes Licht zu rücken.
»Weißt du, ich lasse mich ja nur von dir tragen, weil ich keine Schuhe anhabe.«
Ich nicke verständnisvoll. Auf dem Weg zum Kaminzimmer meint sie dann: »Meine Mami ist meine Liebste . . . und ich bin Deine Liebste.«
»Ja, Betty.«
Wieder werden die Geister verbrannt. In allen möglichen erschreckenden Formen werden sie von Betty aufs Papier gemalt. Wir beobachten, wenn sie von den Flammen gefressen werden, wenn sie sich krümmen und verkohlen und dann durch den Sog des Kamins in den Schornstein gezogen werden.
Dabei wird sie immer aufgelockerter. Sie spricht vom Fliegen.
»Gibt es auch große Luftballons, mit denen man über Häuser und Wälder fliegen kann? . . . Wie schön muß das sein.«
Und schon trällert sie ein Liedchen von einem großen bunten Luftballon, mit dem sie über die Dächer, über die Häuser weit,

weit fortfliegen kann.
Dazu knistert das Feuer. Und immer wieder ruft sie: »Es ist ja so gemütlich.«
Als die Stunde beendet ist, soll ich sie auch wieder hinuntertragen. Sie sagt dann: »Weißt du, heute war es wie im Paradies. Und wenn ich jetzt mal wieder traurig bin, will ich an heute denken, und dann werde ich wieder glücklich sein.«

»Au weia, war das eine schöne Schmierstunde!«

Betty macht einen ganz gelösten Eindruck, als sie am Freitag wieder in ihre Stunde kommt. Sie drückt mir eine bunte Feder in die Hand.
»Da! . . . Die habe ich gefunden . . . Ich schenke sie dir.«
»Vielen Dank, Betty! Wo hast du sie denn gefunden?«
»Im Wald . . . Ich habe mit meiner Freundin und ihrer Mutter eine Wanderung gemacht.«
»Und da hast du diese hübsche Feder gefunden?«
»Ich schenke sie dir«, antwortet sie wieder mit Betonung und setzt sich sogleich in die Malecke.
»Ich weiß, wozu ich heute Lust habe. Ich will mit ganz schönen Farben malen.«
»Tu das, wozu du Lust hast, Betty.«
Mit den dicksten Pinseln rührt sie nun Wasserfarben an. Es fällt auf, daß sie nur ruhige, warme Farben mischt: Orange, Ocker, ein sattes Gelb und Braun. In fließenden Bewegungen setzt sie dann die Farben breitflächig nebeneinander auf das Papier. Sie findet es schön, daß sie ineinanderlaufen.
Die braune Farbe bekommt immer mehr Übergewicht. Immer mehr braune Farbe rührt sie an und bedeckt damit in geradezu verschwenderischer Weise einen Papierbogen nach dem anderen.
»Das ist eine schöne Farbe,« äußert sie oftmals und fährt unbeirrt in ihrer Tätigkeit fort.
Braun spielt bei Zwangsneurotikern eine besonders wichtige Rolle. Braun ist auch die Farbe des Kotes. Für zu früh saubergehaltene

Kinder bedeutet das Manschen mit Braun eine Erlösung und Entkrampfung.

Dann holt sie sich das Töpfchen und setzt sich darauf.

»Heute muß ich nur einen Strahl!« Ihren Urin gießt sie dann mit einem offensichtlichen Ausdruck von Lust und Wonne in kleine Pappbecherchen.

Damit wiederholt sie das gleiche Spiel, was sie nach Aussagen ihrer Mutter als Kleinstkind nach einer sehr frühen Sauberkeitserziehung wieder aufgenommen hatte. Nur wurde sie damals von der Mutter mit Klapsen bestraft.

Dann setzt sie sich wieder in die Malecke, um mit den Farben weiter zu manschen.

»Ich muß dir mal was sagen . . . Wir haben jetzt eine scheußliche Lehrerin . . . eine doofe . . . eine Scheißlehrerin.«

Sie meint sicherlich die Vertretung, da Frau Sibilsky seit einigen Tagen im Krankenhaus liegt.

»Und diese Lehrerin magst du also nicht leiden, Betty?«

»Sie schimpft immer . . . mit allen Kindern . . . sie ist böse.«

»Und Frau Sibilsky hattest du lieber?«

»Frau Sibilsky ist lieb . . . hoffentlich wird sie bald wieder gesund.«

»Und wie gefällt es dir sonst in der Schule?«

»Es geht so . . . ich habe ja auch die netteste Freundin in meiner Klasse. Sie heißt Lilli.«

»Das freut mich, Betty.«

»Die ist nett . . . ich habe ihr schon von dir erzählt . . . Darf sie mal mitkommen?«

»Sicher, wenn du es gern möchtest.«

»Du mußt aber ganz lieb mit ihr sein!«

»Du möchtest also, daß ich zu Lilli genauso lieb bin wie zu dir?«

Während ich mich ein wenig mit Knete beschäftige, sagt Betty: »Ich habe eine Idee. Du knetest jetzt eine richtig große Aa-Wurst, und ich male sie mit meiner braunen Farbe an . . . So, und jetzt legen wir sie in den Topf.«

Nachdem sie das getan hat, fragt sie: »Soll ich jetzt die ganzen Farben umkippen?«

»Du weißt, wir haben ein besonderes Schmierzimmer, da kannst du alles machen.«

Sie nimmt dann den Topf mit brauner Farbe und einen Klumpen Ton und geht damit ins Schmierzimmer. Hier ballert sie voller Wonne zuerst die Farbe und dann den Ton an die Wände, daß es nur so spritzt und knallt. Danach spritzt sie mit einem dicken Schlauch Wasser auf das Geschmier.

»Au weia, war das eine schöne Schmierstunde!«

Sichtlich befriedigt marschiert sie davon.

Betty hat also eine Freundin, die sie sogar in ihre Stunde mitbringen will. Das ist ein guter Fortschritt. Denn in den ersten Behandlungsstunden stellte sie ja häufig angstvoll die Frage: »Es gibt so viele kleine Kinder in der Stadt . . . Wenn die nun alle zu Ihnen kommen wollen?« Oder sie forderte: »Du sollst die Kinder in meiner Klasse nicht lieb haben!«

Warten wir ab, wie es weitergeht, ob sie überhaupt ihre Freundin Lilli mit in ihre Stunde bringen wird und wie sie sich dann verhält.

»Du kannst hier spielen, was du willst!«

Zur nächsten Stunde erscheinen tatsächlich Betty und ihre Freundin Lilli, Hand in Hand. Ich begrüße Betty und sage dann zu Lilli, wie ich mich freue, daß Betty sie zu ihrer Stunde eingeladen hat. Äußerste Zurückhaltung Lilli gegenüber erscheint mir wegen Bettys Eifersucht zunächst geboten. Betty wendet sich an Lilli:
»Du kannst hier spielen, was du willst, wozu du richtig Lust hast.«
Lilli, ein kräftiges, blondes Mädchen, weiß sofort, was sie spielen möchte. Sie will kochen: »Ihr seid meine Kinder, und ich koche etwas für euch.«
Das will aber Betty nicht. Sie will Lilli erst einmal zeigen, was man hier noch viel Schöneres tun kann, zum Beispiel manschen . . .
Lilli lehnt ab.
Oder Geister verbrennen, im richtigen großen Feuer . . .
»Ach, du immer mit deinen Geistern . . . Die gibt es doch gar nicht!« wehrt Lilli ab.
»Oder wir setzen uns alle drei gemütlich aufs Klo, und da erzählt uns Frau Ude ein Märchen.«
»Warum denn aufs Klo«, wundert sich Lilli, »ich muß doch gar nicht.«
Lilli wendet sich an mich: »Warum soll ich denn nicht kochen, wenn ich dazu Lust habe?«
»Ihr beide müßt euch darin einigen«, antworte ich zurückhaltend.
Lilli fragt Betty: »Spielen denn wir beide allein miteinander, oder spielt Frau Ude mit uns?«

Betty hat sich inzwischen in die Schaukel gesetzt und die Boxhandschuhe übergestreift. Sie antwortet unwirsch: »Frau Ude spielt immer mit uns . . . Wir spielen alle drei zusammen.«
»Das finde ich schön«, antwortet Lilli völlig gelassen und kommt auf ihren ersten Vorschlag zurück: »Ich bin die Mutter, ihr seid meine Kinder, und ich koche für euch.«
Betty springt aus der Schaukel und tut so, als ob sie Lilli boxen wolle. Das macht Lilli gar nichts aus.
»Du mußt mir aber einen Boxhandschuh abgeben«, fordert sie, worauf Betty auch eingeht, und es kommt nun zu einem Box-Ringkampf zwischen beiden.
Während sich Lilli völlig unbekümmert an dieser Balgerei zu erfreuen scheint, wird deutlich, daß sich Betty darin von zwiespältigen Gefühlen zu befreien versucht. Ihr Gesichtsausdruck hat manchmal etwas Verbissenes. Lilli scheint von alledem aber nichts zu verspüren. Sie lacht und freut sich an dem Gerangel. Als dann beide auf dem Boden liegen, macht schließlich auch Betty einen gelösten Eindruck. Lilli scheint wirklich ein guter Engel für Betty zu sein.
»Was machen wir jetzt?« fragt Lilli.
»Ich weiß«, sagt Betty, »wir kneten Kasperköpfe.«
Damit ist auch Lilli einverstanden. Nun hocken wir zu dritt über einem großen Kübel Ton und fangen an zu kneten.
Während unter Lillis Händen sehr schnell eine Prinzessin entsteht, der sie einen weißen Schleier um den Kopf legt und ein Krönchen aufs Haupt setzt, tont Betty einen Geisterkopf mit hohlen Augen.
»Was du nur immer mit deinen Geistern hast?« meint Lilli und betrachtet dabei sichtlich zufrieden ihre kleine Prinzessin. Sie fügt aber noch hinzu, daß man auch solche Gruselpuppen zum Kaspertheaterspiel brauche.
Ich bestätige dies.
Während wir nun weiter tonen, richtet Lilli an mich einige belanglose Fragen, die ich ihr ganz sachlich beantworte. Plötzlich wirft Betty ihren Knetekopf auf die Erde und fängt an, bitterlich zu weinen und zu klagen:

»Immer, immer nur sprichst du mit Lilli . . . Heute bist du überhaupt nicht lieb zu mir, du bist böse zu mir, weil Lilli da ist.«
Sie verkriecht sich in den Sessel, drückt ihr Gesicht in die Kissen und schluchzt jämmerlich. Auch auf Lillis gutes Zureden geht sie nicht ein.
Nach einer Weile sage ich zu ihr:
»Die Cille ist auch manchmal so traurig wie du jetzt, sie ist traurig, wenn du kommst, weil sie Angst hat, von dir verdrängt zu werden.«
Betty schluchzt weiter, und ich fahre fort: »Und jetzt bist du so traurig wie die Cille . . . weil die Lilli da ist.«
Das Schluchzen hört auf: »Stimmt gar nicht, ich bin ja gar nicht eifersüchtig . . . Du bist nur böse mit mir.«
Ihre Stimme hat schon etwas Trotziges.
Lilli läßt sich nicht ablenken. Sie verschwindet in der Kochecke, um noch schnell, wie sie sagt, einen grünen Wackelpudding zu kochen. Betty hingegen holt sich die Nuckelflasche, füllt sie mit Himbeersaft und verkriecht sich damit wieder in ihre weiche Sesselecke.
Als die beiden Kinder sich dann bald verabschieden, sagt Betty zu Lilli:
»Nie, nie wieder nehme ich dich mit.«
Lilli: »Will ich ja auch gar nicht.«

»Wachse, Zwiebel, wachse, wachse, Zwiebel wachse immerzu!«

Heute kommt Betty zum ersten Mal mit einer Puppe in ihre Stunde. An der Art, wie sie die Puppe trägt, erkennt man, daß sie keine gute Puppenmutter ist. Genauso beziehungslos, wie sie sie an den Beinen festhält und herumschlenkert, legt sie sie auch einfach ab.

Sie setzt sich an den Eßtisch, stützt die Ellbogen auf und tut einen tiefen Seufzer:

»Ach, Frau Ude, bei dir bin ich immer so glücklich.«

»Du freust dich auf deine Spielstunde, wie ich mich auch auf dich freue, Betty.«

Sie schweigt und wartet eine ganze Weile, bis sie weiterspricht.

»Wo ist denn Cille?«

»Die macht einen Spaziergang!«

»Ist sie denn immer noch so eifersüchtig, die Kleine?«

Ich nicke mit dem Kopf: »Ich glaube ja.«

»Die Lilli, die werde ich nie wieder mitbringen . . . damit ich nicht wieder so traurig werde.«

»Du kannst entscheiden, ob du sie wieder mitbringen willst oder nicht, Betty.«

»Warum habe ich denn nur so geweint, als die Lilli hier war?«

»Ja, du hast so geweint, als Lilli hier war«, wiederhole ich nur.

Ihre Augen sind auf mich gerichtet: »Ich glaube, ich bin doch sehr eifersüchtig.«

»Ich will dir einmal eine Geschichte erzählen, Betty: ›Es war einmal ein kleines Mädchen, das hat vier Jahre lang ganz allein mit seinem Papi und seiner Mami zusammengelebt. Es war das einzige

Kind seiner Eltern. Als es nun vier Jahre alt war, wurde noch ein Brüderchen geboren. Nun war das Mädchen nicht mehr das einzige Kind. Doch die Eltern hatten das kleine Mädchen noch genauso lieb wie früher, sie mußten sich nun aber auch viel um das kleine Brüderchen kümmern. Auch die Großeltern, Onkel und Tante, alle die kamen, sprachen von nun an nicht nur allein mit dem Mädchen, sondern auch mit dem kleinen Jungen.
Und da wurde das Mädchen ganz traurig, weil es Angst hatte, daß man es nun nicht mehr richtig liebhätte . . . Und dann wurde es sogar manchmal richtig böse auf sein Brüderchen. . . . Auch mit seinen Puppen konnte es nicht mehr so richtig lieb sein.‹«
Betty hört ganz interessiert zu; dann fällt sie mir ins Wort: »Und das Mädchen, das heißt Betty.«
»Ja«, wiederhole ich, »das Mädchen heißt Betty.«
Unsere Blicke begegnen sich. Keine Unruhe, keine Verzweiflung, kein Haß zeigt sich in ihren Gesichtszügen – auch das Abgleiten des linken Augapfels ist mir schon länger nicht mehr aufgefallen. Sie scheint ein bißchen fester in sich zu ruhen.
Diese kleine Geschichte sollte ihr helfen, sich selbst besser zu verstehen. Betty hatte es ausgesprochen: »Ich glaube, ich bin sehr eifersüchtig.«
Ihr diese Erkenntnis nur zu bestätigen, würde bedeuten, sie auch gleichzeitig damit allein lassen. Eine Erklärung zu geben, warum sie so eifersüchtig ist, würde keinen therapeutischen Prozeß in Gang bringen, sondern lediglich auf eine sterile, intellektuelle Erörterung hinauslaufen.
Bei dieser kleinen Geschichte jedoch konnte sie sich leicht in den Kummer des anderen Mädchens einfühlen, sie konnte sich mit ihm identifizieren und sich damit selbst besser verstanden fühlen. Darauf kommt es an, nicht auf das intellektuelle Verstehen. Nur durch das innere Erleben kommt der therapeutische Prozeß in winzig kleinen Schritten voran.
Während ich so – eine Minute wohl – in Gedanken versunken war, hatte sich Betty den Blumenkästen zugewendet: »Jetzt möchte ich gern etwas in die Erde pflanzen.«
Es liegen Zwiebeln bereit, die sie zunächst lange betrachtet.

»Und die können in der Erde wachsen?«
»Du brauchst sie nur in die Erde zu stecken, Betty, und dann werden sie wachsen.«
»Und Wurzeln kriegen?«
»Versuche es doch!«
Nun steckt sie alle Zwiebeln in die Erde, begießt sie mit Wasser und murmelt wie eine kleine Zauberin: »Wachse Zwiebel, wachse, wachse, Zwiebel wachse immerzu.«
Danach wäscht sie sich die Hände. Es fällt auf, daß der Waschritus ziemlich abgeklungen ist, nur bei den Handtüchern kann sie sich erst beim zweiten oder dritten für das richtige entscheiden, immer noch vorher mit der Nase daran schnuppernd.
Dann geht sie nochmals zu den Zwiebeln.
»Glaubst du, daß sie wirklich wachsen?«
»In der nächsten Stunde wirst du es schon sehen, Betty.«
Unvermittelt geht sie zur Waschschüssel. Sie läßt Wasser hineinlaufen, mal kaltes, dann warmes Wasser. Sie kontrolliert die Temperatur. Sie stellt die Schüssel auf die Erde, holt sich ein kleines Stühlchen und setzt sich darauf. Dann zieht sie sich Schuhe und Socken aus und hält ihre Füße in die Waschschüssel.
»Meine Füße sind schmutzig ... Die müssen gewaschen werden ... Wasch mir doch die Füße!«
»Du möchtest, daß ich dir die Füße wasche, Betty?«
Sie nickt nur mit dem Kopf und planscht ein wenig mit den Füßen im Wasser herum. Ich seife sie ein.
»Noch mehr Schaum, viel, viel mehr Schaum«, wünscht sie sich.
Während ich ihr die Füße wasche, legt sie sich ganz entspannt zurück. Ich erzähle ihr dazu kleinkindhafte Geschichten, die ich mehrfach wiederholen soll. Ich fasse an die kleine Zehe: »Der schüttelt die Pflaumen ... der liest sie auf ... der tut sie ins Körbchen ... der trägt sie nach Haus ... und der große futtert sie alle auf.«
Sie will sich totlachen und räkelt sich wohlig wie ein Baby.
Die Stunde ist beendet.
Ganz allein zieht sie sich dann wieder ihre Socken und Schuhe an und verläßt frohen Mutes das Spielzimmer.

»Ich will aber ein Frosch sein!«

Betty hat ihre eingepflanzten Zwiebeln nicht vergessen. Sie ist kaum ins Zimmer getreten, als sie auch schon ausruft:
»Was machen meine Zwiebeln?«
Sie ist glücklich, daß sie grüne Triebe zeigen.
Sie schaut mich an:
»Ob sie wohl auch Wurzeln geschlagen haben?«
Sofort reißt sie eine Zwiebel aus der Erde. Wirklich, die Zwiebel hat in diesen wenigen Tagen kleine Wurzeln bekommen. Betty freut sich. Dann gräbt sie alle Zwiebeln heraus und stellt mit strahlenden Augen fest: »Alle haben Wurzeln.«
Ich dachte, sie würde nun alle Zwiebeln wieder in die Erde stekken. Aber was macht sie jetzt? Sie reißt ihnen die grünen Triebe ab, dann die Wurzeln und danach die obere Schale.
»So«, sagt sie, »und jetzt werde ich sie waschen und dann wieder in die Erde stecken.«
Sie wäscht die Zwiebeln, wühlt die Erde mit ihren Händen auf:
»Die Zwiebeln sollen ein ganz weiches Bett haben.«
Dann legt sie sie tief in die Blumenkästen hinein, verteilt sorgfältig die Erde, begießt sie und fragt mich: »Glaubst du, daß sie wieder wachsen?«
»Du hast ihnen viel angetan«, antworte ich, »du hast ihnen die Triebe abgerissen, die Wurzeln und sogar die Haut. Ich hoffe, daß sie es schaffen.«
Jetzt redet sie magisch beschwörend zu den Zwiebeln: »Ihr müßt wachsen, ihr müßt, ihr müßt, ihr müßt wieder wachsen, wenn ich euch sage, ihr müßt wachsen.«

Wie ein Zauberer macht sie mit ihren Händen kreisende Bewegungen über den Zwiebeln.
Die Freude am Zaubern, am magischen Denken steht bei einem Kind ganz besonders dann in Blüte, wenn es so weit entwickelt ist, daß es Schuldgefühle empfindet. Dies ist also die Stufe des Ödipuskomplexes, wenn dieser im Begriff steht zu zerfallen und sich die ersten Züge des Über-Ich aufbauen. Es handelt sich um das Alter von viereinhalb bis sieben Jahren.
Mit dem Zaubern versucht das Kind, die Welt in den Griff zu bekommen. Es erlebt eine Stärkung seines Ich.
Dann setzt sie sich in die Schaukel und schwingt sich bis unter die Decke. Sie singt dazu: »Ich fliege, ich fliege in den Himmel hinein, in den Himmel hinein, in den Himmel hinein.«
Danach möchte sie etwas trinken. Sie gießt sich Saft in die Nuckelflasche, schiebt den Sauger zur Seite:
»Den brauche ich nicht mehr, ich bin ja schon ein großes Mädchen . . . Ich kann ja auch schon richtig turnen, guck mal her!«
Sie turnt mir etwas vor. Sie schlägt Purzelbaum, macht einen Handstand, schlägt Rad. Sie ist sehr gelenkig.
Nun erzählt sie mir, daß sie zum Kindergeburtstag eingeladen sei. Jedes Kind solle verkleidet kommen.
»So«, frage ich, »und als was willst du kommen?«
»Als eine Hexe«, schießt es aus ihr heraus, »ha, ha, haaaaa, da werde ich denen aber Angst machen . . . mit einem Besen werde ich kommen.«
»Ich würde ja gern einmal sehen, wie so eine Hexe aussieht«, sage ich.
Blitzschnell langt sie nach den Farbstiften und malt mir nun ein Hexenbild. Sie kichert richtig hexenhaft, als sie die Besen zeichnet (Bild 22).
Ich finde das Hexenbild prächtig: »Die beiden werden sicher einen richtigen Spaß am Geburtstag haben. Wie lustig die aussehen!«
Jetzt wird Betty ganz böse. Sie reißt mir das Blatt aus der Hand und schreit mich an: »Doof bist du, doof bist du, ganz doof! Du willst mich immer nur ärgern . . . mit deinem Lachen.«
Sie läuft in eine Ecke und wirft mit einem Ball nach mir.

»Du denkst, ich bin eine Hexe . . . Du hast mich nicht lieb.«
Sie stellt sich dann vor mich hin: »Sag jetzt, daß du mich lieb hast!«
Wieder steht auf ihrem Gesicht der Ausdruck von Angst, Verzweiflung und Verlassenheit.
»Du hast Angst, Betty, daß ich dich als Hexe nicht mehr liebhabe. Und wie oft habe ich dir schon gesagt . . .« Sie unterbricht mich und setzt meine Rede ohne Spott fort: »Daß du mich immer lieb hast . . . ob gut oder böse, hübsch oder häßlich.«
Sie lächelt ein wenig.
»So ist es, Betty!«
Wie schnell sie sich jetzt schon fangen kann!
Mit dem Finger weist sie auf Peters Kerze, die auch zwei Seiten hat, eine gute und eine böse: »Der Peter, der war vielleicht auch manchmal verzaubert, und darum hat er sich diese Kerze gemacht. Vielleicht konnte er sich damit von dem bösen Zauber befreien.«
Wir sitzen nun beide auf der Erde und tonen mit Lehm. Ich tone ein großes Herz, ganz bewußt, um zu sehen, wie sie darauf reagiert. Das Herz ist das Symbol des Gefühls.
Betty sieht es.
Wortlos trampelt sie es mit ihren Füßen kaputt.
Ich beklage dies und sage: »Das finde ich nicht schön, ein Herz ist so wichtig.«
»Ach, rede nicht«, sagt sie unwirsch, »Spinnen[14] sind mir wichtiger . . . Wir wollen jetzt Kaspertheater spielen. Spiel mir ein Märchen vor, aber eines aus deinem Kopf.«
Ich spiele ihr nun hinter der Bühne ein erdachtes Märchen vor.
Es erscheint ein Frosch, der sich klagend an die Kinder wendet, da er früher eine Prinzessin gewesen, wegen seines kalten Herzens aber in einen Frosch verwandelt sei. Jetzt möchte er aber gern wieder ein warmes Herz bekommen, Prinzessin werden und nicht mehr im Wasser wohnen. Es kommt eine alte Frau, der er seinen Kummer klagt und die ihm dann sagt, daß er tief in das Wasser

14 Siehe auch Seite 31.

hinabsteigen müsse und keine Angst vor Ungeheuern in der Tiefe zu haben brauche. Er werde eine Wiese unten auf dem Meeresboden finden, wo Blumen wüchsen. Er solle Ausschau nach einer ganz besonders schönen Blume halten, diese dann an sein Herz drücken. Er werde fühlen, wie es wärmer in ihm würde, und er werde dann wieder in eine Prinzessin mit einem Herzen zurückverwandelt werden. Der Frosch tut, was ihn die Alte geheißen hat, und kommt als Prinzessin auf die Erde zurück. Die Prinzessin ist überglücklich, findet nun auch ihren Prinzen. Beide feiern eine wunderschöne Hochzeit.

Betty ist der Aufführung ganz gespannt und still gefolgt. Am Ende sagt sie sehr bestimmt: »Ich will aber ein Frosch sein!«

Betty will also noch ein Kaltblutwesen mit einem kalten Herzen sein.

Sie läuft an die Tafel und malt darauf einen großen, grünen Frosch: »Das will ich sein, ein Frosch, ein großer, dicker Frosch. Und den sollst du nicht auswischen, bis zur nächsten Stunde.«

»Nun schön, Betty!«

Sie läuft ganz fröhlich davon.

»Wenn Lisa einmal heiratet, dann sind Sebastian und ich ganz allein!«

Es ist wieder einmal Dienstag. Betty kommt zu ihrer Stunde. In der Hand schwenkt sie ein Zeichenblatt (Bild 23).
»Da, für dich, Lisa sagt, das sollte ich dir geben.«
Meine Reaktion darauf scheint sie nicht mehr zu interessieren.
Auf diesem Bild werden deutlich zwei Dinge hervorgehoben: Das Herz und das Wort »Arzt«. Soll ein Arzt kommen, weil das Herz krank ist? Ist es eine Reaktion auf die letzte Stunde, in der sie das Herz zertreten hat und ein Frosch bleiben wollte?
Betty ist sofort zu ihren Zwiebeln gelaufen. Wieder stellt sie voller Freude fest, daß sie grüne Triebe zeigen. »Und auch kleine Wurzeln.«
Wie zuvor reißt sie alle Zwiebeln aus der Erde, macht das gleiche wie in der letzten Stunde: Sie dreht die grünen Triebe und die Wurzeln ab, schält die Zwiebeln, wäscht sie und steckt sie wieder in die Erde.
Sie schaut mich an: »Glaubst du, daß sie wieder wachsen?«
»Ich glaube schon, daß sie wieder wachsen werden«, antworte ich unsicher.
Darauf Betty: »Auch wenn alle glauben, daß sie nicht wachsen, sie werden wachsen, sie müssen wachsen, sie sind ganz stark!«
Sie will sich offenbar mit der Stärke der Zwiebeln identifizieren.
Dann springt sie mit den Füßen auf das Schaukelbrett.
»Paß auf«, ruft sie, »ich lasse mich jetzt in deine Arme fallen.«
»Du fängst mich . . . Du hältst mich . . . Du trägst mich«, ruft sie dabei aus. Oder aber: »Jetzt falle ich vom Himmel auf die Erde.«

Dann schaukelt sie wieder kräftig und ist selig, wenn sie mit ihren Fußspitzen die Decke berührt. Dabei möchte sie immer wieder von mir den gleichen Satz hören: »In den Himmel hinein, in den Himmel hinein.«
Sie wird immer aufgelockerter und kann von Herzen lachen. Als die Schaukel auspendelt, wird ihr Gesichtsausdruck ernst.
»Weißt du«, sagt sie, »gestern habe ich ganz tüchtig geweint. Wenn ich nun wieder weinen muß, denke ich einfach an dieses Lachen, und dann ist alles wieder gut.«
»Du hast geweint?«
»Ja«, sagt sie, »ich war mit meiner Freundin Lilli und ihrer Mutter fort, und da hatte ich plötzlich das Gefühl, überhaupt keine Mutter zu haben. Meine Mami ist wieder verreist ... Wenn Lisa einmal heiratet, dann sind Sebastian und ich ganz allein.«
»Wenn man auch nicht ganz allein ist«, sage ich, »so fühlt man sich manchmal doch so, das kann ich schon verstehen.«
Sie überläßt sich einen Augenblick ihrer Traurigkeit, dann fällt ihr ein, was ihr jetzt besonders große Freude machen würde, Versteckenspielen: »Du sollst mich suchen. Geh schnell vor die Tür, und erst wenn ich ›Kommen‹ rufe, darfst du kommen.«
Als ich wieder ins Zimmer komme, entdecke ich sie sofort. Sie ist unter ein Regal gekrochen ... die Fußspitzen schauen noch hervor.
Ich gehe nun hin und her durchs Zimmer und suche sie überall. »Wo mag sie denn nur sein? ... Hier auch nicht ... da auch nicht ... Nanu, sie kann doch nicht völlig verschwunden sein.«
Immer länger dauert mein Suchen: »Betty, Betty ... wo ist sie denn nur? Da mache ich mir ja bald Sorgen?«
Ein leises Kichern ... Und dann eine unendlich große Freude, gefunden zu werden. Immer wieder möchte sie dieses Spiel wiederholen, immer wieder möchte sie von mir gesucht und gefunden werden.
Es kommen dann von ihr Bemerkungen wie: »Nicht, du bekommst richtige Angst, wenn du mich nicht findest?« Oder: »Du suchst mich so lange, bis du mich endlich gefunden hast.«
Nach diesem Spiel ist sie ganz aufgelockert. Offenbar hat es ihr bei

der Überwindung der Verlassenheitsangst sehr geholfen.
Als sie sich heute verabschiedet, gibt sie mir zum ersten Mal die Hand: »Frau Ude, du bist lieb!«
»Auf Wiedersehen, Betty!«
»Bis Freitag!« ruft sie zurück.

»Wenn ich groß bin und einmal Mutter werde, darf ich keinen Jungen bekommen; denn dann würde ich eine böse Stiefmutter!«

Betty kommt heute recht fröhlich ins Zimmer gehüpft.
»Schau hier, was ich kann.« Sie schlägt Rad und dann ein paar Purzelbäume.
»Im Turnen bin ich die Beste.«
Aber schon ist sie bei ihren Zwiebeln. Sie klatscht vor Freude in die Hände: »Sie sind wieder grün geworden.«
Dann reißt sie eine Zwiebel aus der Erde: »Und Wurzeln hat sie auch.«
Sie steckt sie sogleich wieder in die Erde: »Nun sollen sie in ihrem Bett bleiben . . . Hier fühlen sie sich jetzt stark und wohlig.«
Sie schaut mich an: »Siehst du, die sind so toll gewachsen, weil ich sie ganz geschält habe. Das hättest du kaum gedacht. Und jetzt sind wir beide glücklich, daß sie doch noch gewachsen sind.«
»Ja, Betty, darüber sind wir beide ganz glücklich.«
Sie läuft zum Eßtisch, um sich eine Handvoll Bonbons zu holen, gibt mir einen davon ab, zum ersten Mal.
»O, vielen Dank, Betty.«
Wir lutschen nun beide unsere Bonbons und sitzen eine kleine Weile schweigend nebeneinander. Dann fragt sie: »Wirst du bald mal ein Baby bekommen?«
»Nein, Betty . . . Aber warum fragst du danach?«
»Wenn ich erst so groß bin wie du, möchte ich Mutter werden.«
»Du möchtest also gern Kinder bekommen, wenn du so groß bist wie ich?«
»Ja, aber nur ein Mädchen, keinen Jungen.«
»Du möchtest also einmal eine Mutter werden, aber keinen Jun-

gen bekommen, Betty?«
»Wenn ich groß bin und einmal Mutter werde, darf ich keinen Jungen bekommen; denn dann würde ich eine böse Stiefmutter,« sagt sie ahnungsvoll.
»Du fürchtest, daß aus einer bösen Schwester einmal eine böse Stiefmutter werden kann?« frage ich, vielleicht etwas zu herausfordernd.
Sie schaut mich erstaunt an und antwortet nach einer Weile zögernd: »Vielleicht wäscht es sich auch noch einmal ab . . . meine Eifersucht . . . Aber die Cille ist ja noch viel schlimmer eifersüchtig als ich . . . die süüüüße Cille.«
Wenn sie von Cille spricht, wird ihre Stimme ganz weich und zärtlich. Diesen kleinen Hund liebt sie ohne Vorbehalt.
»Die Cille ist aber auch ein Hund, Betty, und du bist ein Mensch.«
Sie mag nicht weitersprechen, sondern setzt sich vor die Kasperbude. »Erzähl mir jetzt ein Märchen, aber eines aus deinem Kopf!«
Mir erscheint jetzt das Märchen von Brüderchen und Schwesterchen angebracht. Ich habe auch ein großes Farbbild, auf dem ein kleines Mädchen ein Reh zärtlich umarmt. Dieses Bild stelle ich zunächst wortlos vor die Kasperbude.
»Wird das das Märchen?« fragt Betty.
»Ja«, sage ich, »jetzt erzähle ich das Märchen von Brüderchen und Schwesterchen.
Es war einmal ein Brüderchen und ein Schwesterchen, die hatten eine böse Stiefmutter. Sie schimpfte immerfort mit den Kindern und gab ihnen nur harte Brotkrusten zu essen. Als sie eines Tages wieder besonders böse mit den Kindern war, faßten sich Brüderchen und Schwesterchen an die Hand und sagten: ›Laß uns miteinander fortgehen in die weite Welt. Schlimmer als es hier ist, kann es nicht mehr werden!‹«
Bei meinem weiteren Erzählen wird Betty sehr bald aktiv und schaltet sich mit in das Geschehen von Brüderchen und Schwesterchen ein. Sie ruft ihnen zu, wo sie am besten schlafen können, und gibt Hinweise, um Gefahren abzuwenden.

Als dann das Brüderchen durstig wird und unbedingt aus dem von der Hexen-Stiefmutter verwünschten Brünnlein trinken will, steigert sie sich in ihren besorgten Zurufen und Mahnungen für das Brüderchen. Es wird dann aber doch in ein Reh verzaubert. Das Schwesterchen hat nun immer große Sorge um das Reh-Brüderchen. Betty ist davon ganz gefangen und redet immer wieder dazwischen.

Ich kürze das Märchen ab. Das Mädchen heiratet den Prinzen, das Rehlein ist immer dabei. Der Prinz hat große Macht in seinem Reich, die Hexe wird gefunden und auf einem großen Scheiterhaufen verbrannt. Da verwandelt sich das Rehkälbchen und erhält seine menschliche Gestalt zurück.

Betty ist von dem Märchen so ergriffen, daß sie sich vor dem großen Bild von Brüderchen und Schwesterchen niederkniet und das Rehlein küßt. »Nun ist alles gut, Brüderchen; nun ist die böse Stiefmutter tot; nun kann dir nichts mehr geschehen; nun bist du wieder ein Mensch.«

Ganz rasch will sie nochmal die böse Hexe auf den Fußboden malen. Mit einer erstaunlichen Schnelligkeit entsteht nun in menschlicher Größe eine furchterregende Hexe mit langen dünnen Fingern und großen grünen Augen, denen sie statt einer Pupille einen Strich gibt, weil es »böse Katzenaugen« sein sollen. Sie malt ihr ein häßliches Lumpengewand, unter dem die Flammen lodern.

Dann holt sie sich ein Eimerchen mit Lehm . . . Sie steht vor der Hexe . . . »Und jetzt mußt du sterben . . . weil du so böse zu Brüderchen und Schwesterchen warst.« Sie pfeffert nun die Lehmklumpen zunächst immer, wie sie sagt, auf die bösen Augen. Dabei ruft sie mit Genugtuung aus: »So! so! so!« Zum Schluß trampelt sie mit ihren Füßen auf der mit Lehm bombardierten Hexe herum.

Als sie am Ende ihrer Stunde den Behandlungsraum verläßt, sagt sie entspannt: »Das war heute die allerschönste Stunde.«

»Ich muß schlafen, ganz viel schlafen!«

Als Betty heute zu mir kommt, trägt sie unter dem Arm etwas Gebündeltes.
»Ich bringe heute mein Bett«, sagt sie. Es ist in eine Plastikhülle eingewickelt. Alle ihre Lieblingstiere hat sie ebenfalls dabei. Wortlos verkriecht sie sich zunächst damit in den großen weichen Sessel. Sie sieht sehr blaß und erschöpft aus. Ihr linker Augapfel gleitet wieder ab. Eine Erscheinung, die der Augenarzt als Zeichen starker Erschöpfung deutet. Auch das Grimassieren ist wieder sichtbar.
»Heute möchte ich gar nichts tun«, äußert sie. »Ich mag nicht schaukeln, auch keine Bolchen essen, ich muß schlafen, ganz, ganz viel schlafen.«
Aus ihrem Täschchen holt sie sich eine Schere und ein Band. Sie schneidet Löcher in die Plastikhülle und zieht das Band hindurch. Es dauert eine ganze Weile, bis sie eine Erklärung für ihre Arbeit abgibt. Dann sagt sie, auf die Plastikhülle weisend: »Dieses ziehe ich mir jetzt über den Kopf . . . kein Regen, keine Kälte kann kommen . . . hierunter bin ich ganz geschützt . . . Immer will ich hier drunter bleiben . . . Und dies ist mein Bett . . . niemand darf es anfassen . . . nur meine Mami . . . und du auch.«
Wieder eine tiefe Regression, nach fast einem Jahr der Behandlung. Ich betrachte sie eine Weile. Sie hat sich in ihre dünne Bettdecke verkrochen und die Plastikhülle über sich gezogen. Die Augen sind geschlossen, um ihr Handgelenk trägt sie ein Bändchen, woran sie wieder ein selbst gebasteltes Skelett hängen hat. So eingeigelt bleibt sie eine ganze Weile liegen. Dann schiebt sie

die Hülle fort, legt die Hand auf die Stirn und sagt: »Das Schlimmste ist, wenn ich Kopfschmerzen habe ... und die Übelkeit ... Hier, in meinem Kopf, ist es, ich kann nicht denken ... ich bin wohl dumm ... Heute habe ich mit Mami gerechnet ... ich konnte nicht denken ... es war schlecht, was ich gerechnet habe ... ich bin wohl dumm.«

»Es gibt Zeiten, Betty, wo man nicht richtig denken kann, wo man erschöpft ist. Das geht vorüber. Darum ist man aber nicht dumm.«

»Und du, du bist doch nie krank?« Sie schaut mich mutlos an.

»Doch, das kommt auch manchmal vor, und dann kann ich auch nicht richtig denken.«

Nun schiebt sie die Plastikhülle ganz zur Seite. Sie sitzt aufrecht im Sessel. Heute trägt sie zum ersten Mal Zöpfe.

»Du hast noch nichts über meine neue Frisur gesagt!« Und sie fährt sogleich fort: »Meine Mami mag sie nicht leiden.«

Sie schaut mich ganz erwartungsvoll an – eine Antwort darauf scheint ihr wichtig.

»Weißt du, die Cille mit ihren langen Ohren sieht auch manchmal so aus, als ob sie Zöpfe hätte.«

Mehr brauche ich nicht zu sagen. Dieser Vergleich mit Cille genügt, um ihr das Gefühl des Angenommenseins zu geben. Sie muß ein wenig lachen und ruft aus: »Ohren-Zöpfe habe ich – wie die Cille ... die kleine, süße Cille.« Sie schlendert nun lustlos durch den Raum. Heute ist ihr nichts recht – alles ist »doof«, die Bonbons, meine Kleidung, die Spielsachen.

»Wir wollen manschen«, erklärt sie dann.

Als wir beide auf der Erde hocken und jeder auf seine Weise mit dem Ton knetet, beginnt sie weiter, ihre Aggressionen herauszusetzen: »Am liebsten würdest du wohl in Pisse herumrühren ...« Sie schaut mich wieder lauernd an.

»Ich verzaubere dich in eine alte Unke, und dann werfe ich dich ins Klo.«

Jetzt nimmt sie die Lehmklumpen und knallt sie immer auf die Erde, danach beginnt sie zu formen. Zunächst nur einfache Kugeln und dann ein Herz. Von den Lutscherstangen bricht sie die

Stiele ab und spießt diese in das Herz. Dann tont sie zwei andere Herzen. Auf das eine malt sie ein großes Auge und auf das andere drei violette Kreuze.
Damit drückt sie das gleiche Problem aus wie auf Bild 23: Ihr Herz ist krank – die Gefühle sind noch »gekreuzigt« – ein Arzt muß kommen. Und Violett ist ja die Farbe der Mystik, der Trauer.
Nun nimmt sie alles Getonte in ihre beiden Hände und zermanscht es mit einem Gemisch von Wonne und Verzweiflung.
Sie bleibt eine gute Weile lustlos auf der Erde hocken. Ich sitze neben ihr, ebenfalls schweigsam. Dann erhebt sie sich und stellt sich mit ihren Füßen auf das Schaukelbrett. »Fang mich auf!« Sie läßt sich immerfort aus der Schaukel rückwärts in meine Arme fallen.
Wenige Minuten vor dem Ende der Stunde hockt sie wieder im Sessel. »Erzähl mir noch ein Märchen!«
Ich versuche, sie zum eigenen Märchenspiel anzuregen, weil sie sich so durch das Herausstellen unbewußter Konflikte besser erleichtern kann. Sie geht aber nicht darauf ein, sondern besteht darauf, von mir ein Märchen zu hören.
»Aber nur ein Märchen aus deinen Gedanken!«
Bevor ich zum Erzählen ansetze, überdenke ich noch schnell den Ablauf dieser Stunde: Mit Hilfe einer Plastikhülle wollte sie Schutz vor der Außenwelt haben. Sie ist immer noch zu schwach, mit ihrer Umwelt fertig zu werden.
Obwohl ich in den Muttergesprächen immer wieder darauf hingewiesen habe, daß die Denkblockaden beim Rechnen in den psychischen Konflikten wurzeln und daß jeder Druck von außen einer Auflösung dieser Probleme entgegenwirkt, kann die Mutter nicht davon ablassen, trotzdem wieder Druck auszuüben, mit dem Resultat: »Ich bin dumm . . . ich kann nicht denken . . .«
Auch in dem Ablehnen der neuen Haarfrisur erlebte Betty wieder das Gefühl, von der Mutter nicht angenommen zu werden.
Da Betty gegenwärtig in der Phase des Zauberns lebt, erzähle ich ihr ein Märchen von einem kleinen Mädchen, das eine böse Stiefmutter hatte und darum in den Wald zu den Tieren lief, denen es sein Leid klagte. Von einer Elfe bekam es dann einen Zauberring

überreicht, womit es von nun ab vor allem Bösen geschützt war.
»Wie Peters Zauberkerze«, ruft sie aus und läuft zum Tisch, um die Kerze so zu drehen, daß die Blumenseite sichtbar wird.
»Braucht der Peter die Kerze heute noch?« erkundigt sie sich.
»Nein, jetzt ist er so stark, daß er sie nicht mehr nötig hat, Betty.«
Die Stunde ist um. Mit einer Handvoll Bonbons und ihrem »Bett« unter dem Arm zieht sie wohlgemut ab.

»Weißt du, früher hatte ich immer Angst vor offenen Fenstern, daß jemand hereinkommen könnte, jetzt habe ich keine Angst mehr.«

Betty verspätet sich heute um einige Minuten. Ich warte im Behandlungsraum und verbringe die Zeit mit dem Lesen der Protokolle der letzten Stunden. Die vorige Stunde zeigte wieder einen schweren Rückfall: nach nunmehr dreizehn Monaten Behandlung und trotz so häufiger Muttergespräche immer wieder die gleichen Rückfälle.

Jetzt ist Betty in der zweiten Klasse. Leistungsmäßig bewegt sie sich in allen Fächern in der guten Mitte. Sie ist nicht mehr »die Stumme«, psychisch ist sie den anderen Mitschülerinnen angepaßt. Aber im Rechnen hat sie zeitweilig noch große Ausfälle. Ich warne die Mutter ständig vor Dressur und Druck und versuche, ihren Blick auf das Wesentliche zu lenken: die Gefahr einer schweren Neurose abzuwenden. Manchmal fällt es mir schwer, nicht zu vergessen, daß ich den Eltern gegenüber die gleiche Geduld haben muß wie dem Kind gegenüber.

Da kommt auch schon Betty. Sie bläst auf einer Flöte.

»Die hat mir meine Mami gekauft.«

Bettys Augen strahlen, und sie beginnt zu flöten: »Kuckuck, Kukkuck, ruft's aus dem Wald«. Es gelingt noch nicht so recht, aber sie scheint große Freude daran zu haben. Immer wieder versucht sie, den richtigen Ton zu finden, das Liedchen möglichst fehlerlos zu spielen. Ich wundere mich über ihre Ausdauer. Schließlich legt sie ihre Flöte zur Seite.

Ich hatte heute ein kleines Kästchen mit Blei zum Gießen auf den Tisch gestellt. In den letzten Stunden hatte Betty manchmal kleine Ansätze von Wünschen gezeigt, zaubern zu können; sie wollte

auch eine Hexe sein. Eine Hexe kann zaubern, magisch denken und damit Macht ausüben.
Sie interessiert sich für das Kästchen. Als ich ihr erkläre, was man damit machen kann, verkündet sie auch sogleich: »Und ich gieße mir einen Zauberring.«
Die Vorbereitungen werden getroffen. Betty agiert wie eine kleine Hexe in ihrer Zauberküche. Es gelingt ihr aber nicht, einen geschlossenen Ring zu gießen.
»Macht nichts«, äußert sie und schließt das fehlende Drittel des Ringes mit Knete.
Mit einem beinahe feierlichen Gesichtsausdruck schiebt sie ihn auf ihren Finger.
»Und jetzt kann ich zaubern . . . jetzt bin ich ganz stark . . . alles muß mir gehorchen.« Sie malt auf die Erde drei große Kreise.
»Das sind meine Häuser . . . hier wohne ich ganz allein . . . niemand kann hier herein.«
Sie geht beschwörend von einem Kreis in den anderen.
»Und wenn ich meine Häuser verlasse«, sie hebt ihre beringte Hand in die Höhe, »kann mich auch niemand berühren . . . weil ich einen Zauberring habe.«
Wenn ich ihr zu nahe komme, hebt sie immer wieder ihre Hand in die Höhe, und ich muß davor zurückweichen. Aber sie will ihre Zaubermacht noch tiefer erproben.
»Alles, alles mußt du jetzt tun, was ich von dir verlange.«
Beschwörend erhebt sie ihre beringte Hand.
»Geh sofort in die Ecke!« – Ich tue es.
»Leg dich auf die Couch!« – Ich tue es.
»Setz dich auf den Stuhl!« – Ich tue es.
»Knie auf der Erde!« – Ich tue es.
»Öffne das Fenster!« – Ich tue es.
Zum ersten Mal will sie die Fenster geöffnet haben. Und nun setzen wir uns beide in die breite Fensterbank. Die Sonne bescheint ihr Gesicht, sie blinzelt, aber doch erkennt man, daß sie heute ganz glücklich dreinschaut. Kein nervöses Grimassieren – beide Augäpfel ruhen fest in der Mitte.
Auf der Straße geht ein Mann vorbei.

»Weißt du noch, früher hatte ich immer Angst vor offenen Fenstern ... daß jemand hereinkommen könnte ... Jetzt habe ich keine Angst mehr.«
»Du hast keine Angst mehr vor fremden Menschen, Betty, auch nicht in der Stadt?«
Sie überlegt: »Da vielleicht noch ein bißchen ... aber nur manchmal, auch im Fahrstuhl nur noch manchmal. Aber darüben wollen wir nicht sprechen, wir wollen spielen. Was wollen wir spielen?«
»Nun, das ist deine Sache zu entscheiden, Betty.«
»Ich weiß nichts, sag du mal!«
»Wir könnten ja spielen, ›Ich sehe was, was du nicht siehst‹[15]. Und es gilt nur das, was wir außerhalb des Fensters sehen.«
Damit wollte ich Bettys Blicke und ihre ganze Aufmerksamkeit auf die Straße – auf das Fremde, auf das, was immer so sehr mit Angst besetzt war – lenken. Darauf geht sie ein. Vorher hüpft sie aber noch schnell in die Eßecke, holt eine Tüte Bonbons, legt sie zwischen uns. »Und dazu schnökern wir, das ist so gemütlich.«
Ich soll anfangen: »Ich sehe was, was du nicht siehst, und das ist ... schwarz.«
Betty hat Freude an dem Spiel. Sie fragt alles durch, alles, was sie an schwarzen Dingen auf der Straße sieht, wird genannt. Dann endlich entdeckt sie den schwarzen Hut, den der auf der gegenüberliegenden Seite auf einer Bank sitzende Mann auf dem Kopf trägt. Mit diesem Ratespiel geht die Stunde wie im Fluge vorüber. Als sie fortgeht, läßt sie mich wissen: »Ich freue mich ja schon so auf die nächste Stunde.«
»Ich freue mich auch darauf, Betty.«

Von nun an werden die Lücken in der Wiedergabe des Tagebuchs wesentlich größer als bisher, da die Stunden mit Betty sich immer mehr wiederholen und Rückfälle in frühe Entwicklungsphasen kaum noch auftreten.

15 Dies ist ein Kinderspiel, bei dem es um das Raten eines Gegenstandes geht.

»Mein Haus!«

Heute kommt Betty in das Spielzimmer geradezu hereingestürmt. »Wir wollen keine Zeit verlieren ... komm schnell.« Sie zerrt mich auf die Fensterbank, um, wie nun schon so häufig, mit dem Ratespiel zu beginnen. Sie öffnet das Fenster, holt aus dem Kaufmannsladen Bonbons und kleine gefüllte Maggiflaschen. Sie ordnet an: »Hole du noch für jeden ein Kissen, damit es ganz gemütlich ist.«
Nun sitzen wir wieder in der Fensterbank und spielen »Ich sehe was, was du nicht siehst«. Zwischendurch lutscht sie Bonbons, bietet mir auch immer wieder davon an, nuckelt an einer der kleinen Maggiflaschen, von denen sie mir auch eine gereicht hat. »Ich bin ja so froh, daß du auch den Maggi so gerne magst, dann ist es erst richtig gemütlich.«
Das Ratespiel dauert eine gute Weile. Dann verläßt sie die Fensterbank, geht zielstrebig auf den in der äußersten Ecke stehenden Pappkarton zu, in dem sie vor Monaten wie ein Baby von mir hin- und hergeschaukelt werden wollte.
Was will sie heute damit anfangen?
Sie schleift ihn in die Mitte des Raumes, während ich untätig zuschaue. Sie kritisiert: »Du könntest auch mal mit zufassen.«
»Ich weiß ja nicht, was du damit machen willst, Betty.«
»Das wirst du gleich sehen«, gibt sie keß zur Antwort. Sie richtet den Karton auf, so daß die Deckel jetzt wie große Türen wirken. Mit Buntstiften malt sie nun Fenster mit Gardinen an die Außenwände, die Türen bekommen Klinken.
»Aha«, sage ich, »es wird ein Haus.«

»Mein Haus«, gibt sie zur Antwort und arbeitet weiter. Sie kriecht in ihr Haus hinein, legt auf den Boden eine Matte und malt auf die Innenwände eingerahmte Blumenbilder. Sie ist ganz eifrig. Dann bohrt sie noch einen Stock durch das »Dach« und sagt dazu: »Das ist der Schornstein.«

Ich soll nun all die Bonbons und die Maggiflaschen holen und mit ihr in ihrem Haus eng zusammenhocken. Als ich erwähne, daß ich es schöner fände, wenn man auch die Fenster öffnen könnte, wehrt sie ab: »Es ist ja nicht nötig, daß jeder in mein Haus gucken kann; es genügt, wenn die Tür zu öffnen ist.«

Ich gebe ihr recht, füge aber hinzu, daß ich es schon lieber hätte, wenn man auch die Fenster manchmal öffnen könnte, damit man noch besser hinausschauen könne, noch mehr frische Luft und Sonne hereinkomme und es auch heller sei.

»Ach, mir ist es so hell genug . . . die Türen sind doch so groß . . . komm, hilf mir, wir wollen jetzt einen Hausgarten bauen.«

Wir schleppen die Blumenkästen vor das Haus, worin noch die Zwiebeln mit grünen Blättern wurzeln. Sie reißt alle Zwiebeln heraus: »Da müssen jetzt schöne Blumen rein.«

Buntes Papier steckt sie auf Strohhalme – ich soll ihr fleißig dabei helfen –, und schon hat sie einen bunten Blumengarten vor ihrem Haus. Die kleine Bank wird in den Garten gestellt, worauf wir uns nun beide ausruhen.

Betty scheint sichtlich befriedigt zu sein von ihrem Haus und ihrem Garten. Sie beginnt zu erzählen:

»Ach, wenn ich jetzt mein Mümmelchen hier hätte, wie schön könnte der hier im Garten herumlaufen.

»Dein Mümmelchen?«

»Ja, du weißt ja noch gar nicht, daß ich ein Mümmelchen habe, ein kleines Häschen . . . Meine Mami hat es mir gestern gekauft.«

»Du hast ein Häschen?« frage ich zurück, und sie fährt sogleich fort:

»Ja, ja, ein Häschen . . . Eigentlich wollte ich ja einen Hund haben, aber meine Mami hat gemeint, daß sich ein Hund in einer Wohnung nicht wohl fühlt . . . Er braucht einen Garten, wo er

buddeln kann . . . Und nun freue ich mich über das Häschen, es wohnt in meinem Zimmer und gehört mir ganz allein. Ich bin seine Mutter, so wie du die Mutter von Cille bist.«
»Ja«, sage ich, »jeder von uns beiden hat nun ein Tierkind und muß wie eine Mutter dafür sorgen. Man darf es niemals vergessen.« Ich zähle auf, was man alles für ein Tier tun muß, damit es auch gesund bleibt: »Man muß es füttern, tränken, saubermachen, es oftmals streicheln, damit es sich nicht so allein fühlt.«
Betty nickt mit dem Kopf: »Das werde ich alles für Mümmel tun.«
»Und ein Häschen ist ein ganz anderes Tier, Betty, als zum Beispiel ein Hund oder ein Vogel oder ein Fisch; natürlich auch ganz anders als ein Mensch. Ein Häschen möchte keine Bonbons essen, auch nicht einen Knochen, wie ihn der Hund so gern mag. Und da muß man sich erkundigen, was denn so ein Häschen zu essen braucht.«
»Das weiß ich doch schon«, sagt Betty, »Karotten, frisches Gras oder so, das mag es gern.«
»Und dann braucht es auch manchmal Sonne!«
»Das weiß ich ja auch schon. Immer, wenn ich zu meiner Oma fahre, kommt es mit, und dann setze ich es auf die große Wiese.«
»Na dann wird Mümmel es ja gut bei dir haben, Betty.«
Sie holt einen Zeichenblock, um Mümmel zu malen. Mit keiner Zeichnung ist sie zufrieden, alle streicht sie wieder durch. »Mümmel ist ja viel, viel schöner; so schön kann ich ihn gar nicht malen . . . Ich bringe ihn dir besser einmal mit.«
»Tu das, Betty! Darauf freue ich mich schon. Ich werde auch für ihn schöne frische Karotten bereitliegen haben.«
»Aber nicht vergessen!«
»Ganz bestimmt nicht, Betty!«
Die Uhr schlägt und verkündet das Ende der Stunde. Betty wirft noch einen Blick auf ihr schönes Haus.
»Laß aber alles so stehen, wie es ist, damit wir dann gleich weiterspielen können.«
»Du wirst es so wiederfinden, Betty, wie du es jetzt verläßt. Auf Wiedersehen . . . und grüß Mümmel!«

»Und du die Cille . . . die kleine Eifersüchtige! Auf Wiiieeedersehen!« ruft sie etwas übermütig und zieht von dannen.
Als Betty das Zimmer verlassen hat, bleibe ich noch einen Augenblick auf der kleinen Bank sitzen. »Guter, alter Pappkarton«, denke ich vor mich hin. »Du hast hier eine lange Wegstrecke mit uns zurückgelegt . . . Zuerst warst du eine Wiege . . . Vielleicht sogar der Mutterleib, in den sich Betty wie ein Embryo zurückverkriechen wollte. Es sollte ganz dunkel und ganz still sein, nur leise wollte sie in dir hin- und hergewiegt werden . . . Dann wurde aus dir ein Piratenschiff mit einer Totenkopffahne . . . und heute bist du ein Haus, ihr Haus, das erste Haus mit einer offenen Tür!
Das Haus ist ein Symbol des eigenen Selbst.
Das Innere ist mit Blumenbildern geschmückt, und auch ein weicher Teppich liegt auf dem Fußboden. Ein Haus mit einem Schornstein, aus dem der Rauch abziehen kann. Die Fenster sind zwar nur Dekoration, aber man kann schon in einem solchen Haus leben. Auch ein Garten ist vor diesem Haus, in dem Blumen wachsen. Heute spricht Betty von Mümmel, ihrem geliebten Häschen, das sich hier im Garten erfreuen könnte.
Ich erinnere mich an die zweite Behandlungsstunde, als Betty sagte: »Es gibt Ratten . . . die leben unter der Erde . . . die wühlen . . . manchmal sind sie auch auf dem Boden oder im Keller.«

»Ich habe jetzt alle Geister in meiner Hand!«

Heute wird Betty von ihrer Mutter gebracht. Mutter und Kind verabschieden sich herzlich voneinander. Betty küßt ihre Mutter und läuft fröhlich davon. Sie dreht sich im Kreise, so daß das Röckchen fliegt: »Bin ich nicht hübsch angezogen?«
Dann berichtet sie, daß sie heute ganz allein mit dem Bus zu ihrem Freund Felix gefahren sei, der eine Siamkatze habe. Und gestern sei sie mit ihrer Mami und zwei Freundinnen im Zirkus gewesen. Sie schwärmt von diesem Besuch und berichtet über die Tiere und Clowns, die ihr so viel Freude gemacht hätten.
Sie wandert durch den Raum und bleibt dann vor ihrem Haus stehen: »Ach, mein schönes Haus . . . Du hast alles genauso stehen lassen, wie ich es wollte . . . das ist lieb.«
Sie setzt sich in die Schaukel und schwingt sich bis unter die Decke. Als die Schaukel langsam wieder auspendelt, fragt sie: »Und was machen wir heute?«
»Ja, Betty, was machen wir heute?«
»Ich weiß. Du machst jetzt deine Augen zu, und ich werde etwas bauen . . . Du darfst aber nicht gucken.«
»Ganz bestimmt nicht, Betty.«
Nach wenigen Minuten ruft sie mich. Sie hat sich eine Höhle gebaut, worin ich sie besuchen soll. Ich bin betroffen. Rundherum liegen Zeichenblätter, wieder mit großen Gespenstern und Ungeheuern.
Sie erklärt: »Diese Gespenster sind sehr, sehr böse und gefährlich. Du brauchst aber keine Angst zu haben, wenn ich dabei bin, können sie dir nichts mehr tun.

Ich habe jetzt alle Geister in meiner Hand!«
Danach springt sie aus ihrer Höhle, zerreißt die Geister und Gespenster und sagt:
»Jetzt wollen wir nicht mehr von ihnen reden, wir wollen sie auch nicht mehr malen! ... Weißt du noch, das haben wir so oft getan ... Weißt du noch, wie wir sie durch den Schornstein haben fliegen lassen, weißt du noch ... weißt du noch?«
Sie zählt nun mit einer erstaunlichen Genauigkeit die Geistervernichtungen, die sie in ihren Stunden vollzogen hat, auf. Hier beweist sie ein enormes Gedächtnis.
Danach geht sie zu den Orff-Klängen und schlägt die Töne an. Sie geht mit den Stäben von oben nach unten und von unten nach oben. Dazu spricht sie melodisch:
»Hier oben ist der Himmel und hier unten die Hölle;
hier oben ist der Friede und hier unten der Tod;
hier oben ist das Gute und hier unten das Böse.
Alles, alles kann man hier spielen, alles darf man sein, man darf hier immer so sein, wie man ist.«
Inzwischen hat sie sich mit einem Stück Kreide auf die Erde gesetzt. Sie zeichnet damit ein ganz großes Herz und bittet mich dann: »Mach mir doch ein so großes Herz und schenke es mir!«
Ich fülle nun das von ihr gezeichnete große Herz mit Ton aus, schiebe ein Stück Pappe darunter, damit es nicht zerbricht, und überreiche es ihr.
Sie freut sich. Dann überlegt sie: »Man könnte ja einen Namen darauf schreiben.«
»Oder nur einen Buchstaben?« frage ich etwas vorsichtig. »Vielleicht ein B, Betty?«
»Nein, nein!« wehrt sie ab, »kein B.«
Sie überlegt lange und entscheidet dann: »C. U. und M. U., Cille Ude und Mümmel Ude.«
Ich schaue sie an. »Bist du sicher?«
Sie korrigiert: »Nein, nur ein großes C und ein großes M, Cille und Mümmel.«
Danach beginnt auch Betty mit dem Tonen von Herzen. Es entstehen unter ihren Händen große und kleine Herzen, viele werden

auch von ihr mit bunten Bonbons, teilweise auch mit Marzipan und Schokoladenplätzchen bestückt.
Sie überlegt, ob sie ein Herz für Sebastian mitnehmen soll, tut es dann aber doch nicht.
Eine wichtige Stunde ist zu Ende: Das »Herz« wurde entdeckt.

»Ganz süß sollen die Herzen sein!«

Heute kommt Betty nicht allein. Unterm Arm trägt sie ihr Häschen, richtig gesagt, ihr Kaninchen: Mümmelchen.
Mümmelchen macht keinen ängstlichen Eindruck, es scheint immer nur gute Erfahrungen gesammelt zu haben. Seinen Namen verdient es mit Recht: Mit seiner Schnauze ist es immer »am Mümmeln«, obwohl es nichts zu fressen hat.
Betty vergißt nichts: »Du wolltest ihm doch schöne frische Karotten geben?«
»Ach ja, Betty, das habe ich wirklich vergessen, ich habe keine Karotten da.«
»Aber du hast doch gesagt, daß man das niemals vergessen darf.«
»Schon, Betty, aber du hast mir ja auch nicht gesagt, daß du in dieser Stunde Mümmelchen mitbringen würdest. Es hätte ja sein können, daß du ihn schon zur letzten Stunde mitgebracht hättest.«
Sie schaut mich durchdringend an.
»Hattest du denn in der letzten Stunde die Karotten?«
Sie schaut bis auf den Grund meiner Seele.
»Ehrlich gesagt, nein. Ich habe die Karotten auch in der letzten Stunde vergessen.«
Sie senkt ihren Kopf. »Ich bin traurig, daß du das vergessen hast.« Sie sackt richtig in sich zusammen.
»Ich weiß, Betty; denn Vergessen bedeutet, daß man jemanden allein läßt, ihn vergessen hat. Und wenn du dich allein gelassen fühlst, bist du traurig, enttäuscht oder bekommst sogar Angst.

Und alles, was mit Mümmelchen geschieht, geschieht auch mit dir, weil du ihn so lieb hast.«
Nun schaut sie mich schon wieder an. »Wenn ich sehr lange auf meine Mami warten muß, bekomme ich Angst, weil ich denke, sie hat mich vergessen und kommt nie wieder.«
»Und das war eben für dich die gleiche Traurigkeit, Betty. Du hattest Angst, daß ich in Mümmelchen dich vergessen würde, und darum warst du so traurig.«
»Aber jetzt bin ich nicht mehr traurig«, sagt sie ganz fröhlich und hockt sich auf den Fußboden, um die Arbeit der letzten Stunde wieder aufzunehmen, das Tonen von Herzen. Als sie eine ganze Serie von Herzen getont hat, holt sie sich die Zuckertüte.
»Ganz süß sollen die Herzen sein.« Sie bestreut sie mit Zucker.
Am Ende der Stunde meint sie wie beim letzten Mal: »Heute nehme ich ein ganz schönes Herz für Sebastian mit.«
Sie wickelt ein Herz in schönes, buntes Papier, bindet ein Bändchen darum . . . läßt es dann aber doch wieder liegen.

»Ach, Mami, ich hab dich ja so lieb!«

Betty hat seit der ersten Beobachtungsstunde nicht mehr mit dem Sceno-Kasten gebaut[16]. Nach einer Behandlung von über achtzehn Monaten kam nun fast wie von selbst ein zweiter Test zustande. Der Sceno-Baukasten steht im Spielzimmer sozusagen immer griffbereit, dennoch war Betty nie wieder auf ihn zurückgekommen. Für heute hatte ich ihn nun auf den Eßtisch gestellt, wo immer die Süßigkeiten bereitliegen, so daß sie ihn nicht übersehen kann.

»Schau her, was ich alles kann«, ruft Betty aus, als sie den Behandlungsraum betritt. Sie macht einen Handstand, schlägt Rad und Purzelbaum, springt mit den Füßen auf das Schaukelbrett und macht im Schwingen einen Überschlag.

»Donnerwetter«, rufe ich aus, »du bist ja wirklich eine Akrobatin, Betty!«

Sie führt mir voller Stolz und Freude weiter ihre Kunststücke vor und erwähnt wie schon früher einmal, daß sie ja auch im Turnen die Beste sei. Auf dem Trampolin springt sie so hoch, daß sie mit ihren Fingerspitzen die Decke berührt.

Ich betrachte sie voller Freude. Wie makellos schön sie gewachsen ist, ihre Bewegungen sind kraftvoll und anmutig zugleich. Ihr Gesicht glüht, sie hat knallrote Bäckchen, so ähnlich muß Schneewittchen als kleines Mädchen ausgesehen haben.

»Bravo, bravo«, rufe ich häufig, und ich klatsche dabei in die Hände.

16 Siehe Seite 27.

Dann ist sie völlig außer Atem und läßt sich auf die Eckbank fallen. Ihr Blick fällt auf den geöffneten Sceno-Kasten.
»Als ich am ersten Tag bei dir war, habe ich damit etwas gebaut, weißt du das noch?
Du hast zu mir gesagt: ›Wenn du magst, kannst du damit etwas bauen‹, und das habe ich auch getan.«
»Zuweilen hat sie doch ein erstaunliches Gedächtnis«, denke ich und sage: »Und wenn du das heute nochmal magst, kannst du es wieder tun.«
Und schon ist sie dabei, eine große Wohnung einzurichten. Zunächst beginnt sie, ihr Spielzimmer aufzubauen. Sie will es genau so einrichten wie bei sich zu Hause, auch das Mümmelchen vergißt sie nicht.
Dann kommt die Küche dran. Sie stellt eine junge Frau an den Herd und sagt: »Das ist Lisa, die backt und kocht für die Familie.«
Danach richtet sie das Wohnzimmer ein und setzt eine Frau in den Sessel. »Das ist Mami, sie liest in einem Buch.«
Einen kleinen Jungen setzt sie auf ein Schaukelpferd. »Das ist Sebastian.«
Eine männliche Figur setzt sie an einen Tisch. »Das ist der Papi.«
Nun beginnt das Spiel. Ein Mädchen kommt ins Zimmer gelaufen und setzt sich auf Papis Schoß, es schmust mit ihm. Dann läuft es zur Mutter, umarmt sie und sagt: »Ach, Mami, ich hab dich ja so lieb.«
Sie nimmt nun den kleinen Jungen vom Schaukelpferd herunter, setzt ihn auf den Teppich, gibt ihm ein paar Spielsachen. »Dankeschön für das Schaukelpferd, Sebastian.« Und sie trägt es in ihr Spielzimmer.
Dann läßt sie durch das kleine Mädchen verkünden: »Wir feiern heute meinen Geburtstag.«
Alle ihre Freundinnen kommen. Lilli, ihre Lieblingsfreundin, bringt ein kleines Bärchen als Geschenk mit.
Jetzt fällt ihr ein, daß sie doch einen großen Garten vorm Haus haben will. Sie legt den Rasen an, stellt Bäume und Blumen auf

und errichtet ein großes Schwimmbecken. Der Geburtstag wird nun im Garten weitergefeiert.
Da kommen auch Oma und Opa. Die Oma läßt sie ausrutschen und in das Wasser fallen. Mami und Lisa holen sie aus dem Wasser wieder heraus und legen sie auf eine Liege. Sie ist bewußtlos.
»Das hat sie davon«, bemerkt Betty, »Warum kann sie nicht aufpassen. Und nun hast du deine Strafe, weil du mich gestern so geärgert hast.«
Nach einer Weile erholt sich die Oma wieder. Bis zum späten Abend wird der Geburtstag weitergefeiert. Die Freundinnen verabschieden sich und sagen: »Das war aber ein schöner Geburtstag, Betty.« Damit ist Bettys Sceno-Spiel beendet.
»Wie schön man mit diesem Baukasten spielen kann«, meint sie. »In der nächsten Stunde spiele ich damit weiter.«
Sie läuft in den Warteraum, um nachzusehen, ob Lisa schon da ist. Lisa wartet schon.
Betty verabschiedet sich eilig.
»Und wenn ich jetzt nach Hause komme, sind meine Mami und Papi von der Reise wieder zurück. Ich freue mich schon so auf sie.«
»Tschüüüß, Frau Ude!«
»Auf Wiedersehen, Betty!«
Ich lese nach, was Betty beim ersten Sceno-Test gebaut hat. Zunächst hatte sie unter einen Tannenbaum ein Baby gelegt, das sie von einem Ganter und einem Fuchs mit den Worten: »Jetzt kommt der böse Fuchs herangeschlichen« umkreisen ließ. Ihre unbewußte Aggression dem kleinen Bruder gegenüber wurde dadurch zum Ausdruck gebracht.
Danach ließ Betty das Krokodil die Kuh angreifen: »Huuuu, jetzt wird es gefährlich«, sagte sie dazu. Damit drückte sie ihre unbewußte Aggression der Mutter gegenüber aus.
Auf meine Frage: »Wo bist denn du in diesem Bild?« antwortete sie: »Ich bin nicht da.«
Nun in diesem zweiten Sceno ist sie der Mittelpunkt. Sie feiert ihren Geburtstag mit all ihren Freundinnen und ihrer Familie. Ihre Freude am Leben kommt zum Ausdruck.

Auch in der Mutter-Kind- und Bruder-Schwester-Beziehung läßt sich eine sehr positive Veränderung erkennen.
Die im ersten Sceno dargestellte anale Problematik entfällt in diesem zweiten Test völlig.
Den Ärger, den Betty am Vortage mit ihrer Oma gehabt hat, versucht sie, mit Hilfe der kleinen Szene abzureagieren, in der sie die Oma einfach ins Wasser rutschen läßt.
Der Sceno-Test ist nicht nur ein sehr gutes diagnostisches, sondern auch ein therapeutisches Hilfsmittel.

Anruf von Betty

Das Telefon klingelt, und Betty ist am Apparat.
»Na, Betty?«
»Ich möchte heute so gerne mit meiner Freundin Lilli zum Schlittschuhlaufen gehen. Ist es schlimm, wenn ich dann nicht zu dir komme?«
»Aber nein, Betty! Ich freue mich, wenn du dir mit Lilli einen schönen Nachmittag machst. Kannst du denn schon Schlittschuhlaufen?«
»Nein, ich lerne es doch heute erst . . . Aber ich werde es ganz schnell lernen . . . Meine Mami geht doch mit. Ich freue mich ja schon sooo sehr. Auf Wiedersehen, Frau Ude!«
»Auf Wiedersehen, Betty!«

»Nun muß die Nixe aber auch tun, was ihr die Eule gesagt hat, sonst kann sie kein richtiger Mensch werden.«

Als Betty heute kommt, zieht sie sofort das Schaukelpferd vor die Kasperbude, setzt sich darauf und entscheidet:
»Heute machen wir eine Märchenstunde. Du erzählst mir wieder Märchen aus deinen Gedanken.«
Das große Bild von Brüderchen und Schwesterchen steht noch immer vor der Kasperbude.
»Ach«, ruft Betty aus, »wie gerne hab ich das Bild von Brüderchen und Schwesterchen. Das kleine Mädchen darauf habe ich besonders gern. Ich möchte so gern ein kleines Schwesterchen bekommen ... aber ... hätte ich ein Schwesterchen, ich würde mir sicherlich ein Brüderchen wünschen.«
Als sie dies sagt, treffen sich unsere Blicke. Ich lächele etwas ... und nun auch sie.
Dann sagt sie: »Weißt du, ich bin ja gar nicht mehr eifersüchtig, ich tue manchmal nur noch so.«
Ich habe mich inzwischen hinter die Kasperbude gesetzt, während Betty auf dem Schaukelpferd erwartungsvoll davor sitzt ... »Nun fang schon an, Frau Ude!«
Ich stöhne ein wenig. »Ach, weißt du, mir fällt heute so gar nichts Rechtes ein.«
»Ach nun mach schon!«
Sie beginnt zu erzählen, worüber sie ein Märchen hören möchte: »Von einer Nixe ... die wieder im Wasser ist. Du weißt doch schon ... und die gerne ein Mensch werden möchte.«
Ich stelle nun die Nixe vor, die auf einem Baumstumpf sitzt und ein trauriges Lied singt:

»›Nur eine einzige Stunde darf ich hier verweilen . . . dann muß ich wieder zurück ins kalte Wasser . . . o weh, o weh, o weh.‹ Dieses Lied hört eine Eule, die hoch oben in einem Baum sitzt und auch mit ihren Augen durch die Dunkelheit schauen kann. ›Ich kann dir helfen, liebe Nixe‹, ruft ihr die Eule zu, ›aber nur, wenn du auch das tust, was ich dir sage.‹ ›Alles, alles, liebe Eule, will ich tun‹, verspricht nun die Nixe.
Da reißt sich die Eule eine Feder aus dem Leib, übergibt sie der Nixe und sagt: ›Mit dieser Feder tauche nur noch ein einziges Mal in das Wasser hinab, du mußt aber ganz tief tauchen. Dann wirst du ein großes Krokodil sehen mit einem aufgerissenen Maul. Habe keine Angst . . . nimm die Feder und berühre damit das Krokodil, und du wirst sehen, daß es dir nichts mehr tun kann.
Dann wirst du eine große Schlange sehen. Tue dasselbe wie bei dem Krokodil, und du wirst sehen, auch sie kann dir nichts tun.
Danach wirst du eine große Spinne sehen. Hab keine Angst, sondern tue das gleiche wie bei dem Krokodil und der Schlange, und du wirst sehen, auch sie kann dir nichts mehr tun. Danach wird ein großer Donner kommen, und dann wird dich das Wasser als eine richtige Frau ans Land werfen.‹«
Ich mache eine Pause. »Nun mach schon weiter!« ruft Betty.
Ich zögere. »Wie soll es denn nun mal weitergehen?«
»Nun«, ruft Betty etwas ungeduldig, »nun muß die Nixe das auch tun, was ihr die Eule gesagt hat, sonst kann sie kein richtiger Mensch werden.«
Ich spiele nun alles in der gewünschten Folge durch. Die Nixe wird am Ende als richtige Frau ans Land geworfen.
»Und sie soll Liesel heißen«, entscheidet Betty sofort, »und in der nächsten Stunde spielst du weiter, wie sie den Prinzen findet.«
»Gut«, sage ich, »Fortsetzung in der nächsten Stunde. Wir haben noch viel Zeit. Was spielen wir jetzt?«
»Vielleicht irgendetwas mit Würfeln«, meint Betty.
»Denkst du vielleicht an ›Mensch-ärgere-dich-nicht‹?«
»O ja, das wollen wir spielen.«
Ich erkläre noch einmal kurz: »Es kommt also darauf an, so schnell wie möglich seine Steine in dieses Ziel zu bringen.«

Betty begreift alles schnell und fängt an zu würfeln. Schon sehr schnell beginnt sie zu mogeln, während ich immer ganz ehrlich spiele. Nach einer Weile sage ich:
»Wir müssen uns aber einigen, ob wir mit oder ohne Schummeln spielen wollen.«
Sie schaut mich etwas verblüfft an.
Ich erkläre nochmals: »Bei jedem Spiel gibt es Spielregeln, und daran muß man sich halten. Wir müssen entscheiden, ob wir beide ehrlich spielen wollen oder aber beide schummeln oder aber nur du schummeln darfst und ich ehrlich spielen muß.«
Die Sache paßt ihr nicht so ganz, sie merkt aber, daß eine Entscheidung getroffen werden muß.
»Nun gut«, meint sie dann. »Ich bin kleiner, ich darf ein bißchen schummeln, und du bist schon groß, du mußt ehrlich spielen.«
»Gut, Betty, nun haben wir unsere Spielregel.«
Natürlich gewinnt Betty jedes Spiel. Sie hat ihre große Freude daran. Verlieren wäre für sie noch zu schwer.
Am Ende der Stunde geht sie dann an die Tafel und schreibt: »Betty hat immer nur gewonnen. Frau Ude hat immer nur verloren.«
Als glückliche Siegerin verläßt sie das Spielzimmer.

»Ist die Stunde bald zu Ende?«

Mit Schlittschuhen über der Schulter kommt Betty heute in ihre Stunde.
»Gleich nach dieser Stunde gehe ich mit Lisa und Lilli zum Schlittschuhlaufen ... Ich freue mich ja schon sooo darauf ... Ich kann die Zeit gar nicht abwarten, wenn nur erst die Stunde vorüber ist.«
Sie legt die Schlittschuhe ab und setzt sich an den großen Tisch. Ich bewundere ihr Röckchen und bemerke, daß Schlittschuhlaufen eine ganz feine Sache sei. Sie strahlt und führt mir vor, wie man sich auf dem Eis vorwärtsbewegt: die Arme zur Seite gestreckt und im Wechsel das linke oder rechte Bein anheben.
»Weißt du, Frau Ude, du fliegst ganz von selbst über das Eis, du brauchst gar nichts dazu zu tun!« Sie plappert nun eine ganze Weile über die Freuden des Schlittschuhlaufens. Dann setzt sie sich hinter die Kasperbude:
»Heute will ich dir einmal ein Märchen vorspielen. Setz du dich auf das Schaukelpferd und hör zu! Dieses ist also die Liesel ... die Liesel, die früher die Nixe war. Die Liesel läuft jetzt in den Wald zur Eule und bedankt sich, weil sie ihr so gut geholfen hat. Dann kommt der Prinz auf einem Pferd durch den Wald geritten; er sieht die Liesel. Beide verlieben sich ineinander. Und nun wird eine große Hochzeit gefeiert. Alle Tiere werden eingeladen, und die Eule darf neben der Liesel an der Hochzeitstafel sitzen. Ende! Weißt du, Frau Ude, bei mir ist das Märchen kürzer als bei dir ... Ich kann nicht so schön lange erzählen wie du.«
»Mir hat das Märchen aber gut gefallen, Betty.«

»Was können wir denn jetzt noch spielen?« fragt Betty. »Ist die Stunde bald zu Ende?«
»Wir haben noch fünfzehn Minuten, Betty.«
Betty sitzt in der Schaukel und wiegt sich darin leise hin und her. Ich fahre fort:
»Du brauchst doch jetzt viel Zeit für die Schule ... für deine Freundinnen ... für das Schlittschuhlaufen ... für das Flötenspielen ... für dein Mümmelchen und für noch so viele andere schöne Dinge ... Ob es da nicht genug ist, wenn du nur einmal in der Woche zu mir kommst?«
Der Entschluß fällt ihr sehr leicht. Sie nickt ganz zufrieden mit dem Kopf und fügt hinzu: »Und wir können ja auch immer zusammen telefonieren, wenn wir wollen.«
»Aber sicher, Betty! Das können wir immer.«
Sie hängt sich nun voller Ungeduld die Schlittschuhe über die Schulter und verabschiedet sich zum ersten Mal frühzeitig von mir. Lisa ist heute auch einige Minuten früher gekommen, und so kann Betty ohne längere Wartezeit ihrem Eislauf-Vergnügen entgegeneilen.

»Gleich nach dieser Stunde gehen wir beide auf die Eisbahn.«

Am nächsten Freitag stehen Betty und ihre Freundin Lilli in der Tür. Sie haben beide ihre Schlittschuhe über der Schulter hängen.
»Gleich nach dieser Stunde gehen wir beide auf die Eisbahn. Ich freue mich ja schon so darauf. Komm, Lilli, laß uns schaukeln«, ruft Betty fröhlich aus und stellt sich auf das Schaukelbrett, während sich Lilli daraufsetzt.
Nun schwingen beide Mädchen hin und her und singen gemeinsam ein Lied, einen Schlager, der von der Liebe handelt. Zwischendurch kichern sie manchmal und unterhalten sich über die Schule. Sie scheinen sich beide immer einig darüber zu sein, wer von den Lehrern oder Schülern doof oder nett ist.
Es sieht so aus, als ob die beiden Mädchen sich selbst genug sind . . . Ich ziehe mich in die äußerste Ecke des Spielraumes zurück.
Lilli will wieder kochen, Betty nicht. Es entsteht ein Konflikt. Betty wendet sich an mich.
»Es ist deine Sache, Betty, zu entscheiden, was gespielt werden soll oder nicht.«
»Aber du hast doch hier zu sagen.« Sie stampft mit dem Fuß auf.
»Nein, Betty! Dies ist deine Spielstunde, du hast Lilli dazu eingeladen, und nun mußt du auch entscheiden, was werden soll.«
Sie »pumpt« sich richtig auf, um dieser schwierigen Situation Herr zu werden. Dann geht sie entschlossen zu Lilli:
»Nun gut, dann koch jetzt ganz schnell etwas, und danach spielen wir alle drei ›Mensch-ärgere-dich-nicht‹!«

Das war eine Entscheidung, die auf ein ganz gutes Selbstbewußtsein schließen läßt: dem anderen etwas zubilligen können, dabei aber auch seine eigenen Vorteile im Auge behalten.
Von nun an läuft alles reibungslos. Betty baut das Spiel auf, entscheidet über die Farben und wartet geduldig eine kurze Weile, bis uns Lilli in kleinen Schälchen ein gekochtes Milchsüppchen, mit Haferflocken und Rosinen gemischt, serviert.
Das Mensch-ärgere-dich-nicht-Spiel beginnt.
Ich bin gespannt, wie und ob sich Betty an die Regeln hält. Lilli beginnt mit dem Würfeln. Da sagt Betty: »Wir spielen aber ohne Mogeln.«
Lilli: »Ich mogele nie!«
»Ich werde auch nicht mogeln«, bemerke ich.
Betty sagt nichts weiter, hat aber feuerrote Bäckchen. Sie ist ganz erregt . . . Wenn sie gewinnt, wird alles gut sein, aber wenn sie verliert, fürchte ich Schlimmes. Zunächst hat sie Glück und würfelt viele Sechsen. Alle ihre Figuren sind im Spiel. Es sieht gut für sie aus. Dann holt Lilli auf und läßt Bettys Figuren dauernd »rausfliegen«. Das Glück liegt bei Lilli.
Betty sackt in sich zusammen. Da rollt schon eine Träne. Aber sie steht dieses Spiel durch . . . bis zum Ende . . . ohne zu mogeln. Für Betty fürwahr eine große Leistung!
Wir haben noch Zeit für ein zweites Spiel. Ich bin bereit, unauffällig alles zu tun, um Betty zum Sieg zu verhelfen. In diesem Spiel wird sie Siegerin.
Wieder schreibt sie an die Tafel:
Einmal habe ich gewonnen.
Einmal hat Lilli gewonnen.
Und Frau Ude hat immer verloren.
Als sie sich verabschieden, sind sie schon beide mit ihren Gedanken auf der Schlittschuhbahn.

»Ja und jetzt, jetzt träume ich überhaupt nichts mehr!«

»Hier, das schenke ich dir«, sagt Betty, als sie den Behandlungsraum betritt. »Meine schönste Murmel, da freust du dich, nicht?«
»Sehr, Betty, sie wird in meiner Wohnung einen Sonderplatz bekommen.«
»Aber heute müssen wir uns beeilen«, fährt sie fort, »wir müssen ganz viel spielen.«
»Und du weißt schon, was wir heute spielen wollen?«
»Ich habe Lust, mit dem schönen Baukasten zu spielen.« Schon sitzt sie am Tisch und beginnt mit dem Aufbau eines Scenos.
»Ein schöner, großer Bauernhof soll das werden mit Rasen, Bäumen und Blumen, einem großen Haus, vor dem der Bauer steht.« Auch viele Tiere werden aufgestellt, Schweine, Hühner, Gänse . . .
Dann holt sie die große Kuh und beschäftigt sich länger mit ihr. Sie baut ihr einen Stall, legt ihr liebevoll Rasen mit Blumen unter das Maul, damit sie fressen kann. Ein kleines Häschen kommt und ist ganz zärtlich mit ihr. Das Häschen sitzt dann auf dem Rücken der Kuh und reitet voller Freude über den Bauernhof.
Einmal wird die Kuh wild. Sie trampelt böse auf dem Bauernhof herum. Dann wird sie wieder ganz lieb, der Bauer kommt, um sie zu melken. Betty macht richtige Zischlaute und füllt imaginär die Milch in eine kleine Nuckelflasche. Dann tätschelt sie wieder liebevoll die Kuh, legt sie auf den Bauch und sagt, mit dem Finger darauf zeigend:
»Und das ist ihr Bauchnabel . . . Die Kuh ist eine Mutter!«

Das Spiel geht weiter.
Der Bauer füttert alle Tiere, es kommt die Nacht, alles geht schlafen. Der Morgen kommt. Der Hahn kräht auf dem Dach des Bauernhauses, die Sonne geht auf, und alle Tiere und Blumen erwachen.
»Und jetzt beginnt für alle wieder ein schöner, zufriedener Tag«, sagt sie zum Schluß.
Sie schaut mich an.
»Das hat mir gut gefallen, Betty, so ein Bauernhof mit Blumen und Bäumen, einem so schönen Haus, wo es einen Bauern gibt, der für alles sorgt, alle Tiere füttert, und wo es auch eine Kuh gibt, eine Kuh, die Milch gibt und auf der sogar das kleine Häschen herumreiten kann. Auf diesem Bauernhof kann man sich wohl fühlen, da kann ruhig die Nacht kommen, weil man weiß, daß morgens wieder die Sonne aufgeht und für alle ein schöner Tag beginnt.«
Es tut ihr sichtlich gut, daß ich noch einmal so ausführlich über ihren schönen Bauernhof spreche.
»Weil er so schön ist, mein Bauernhof, wollen wir ihn so stehen lassen, bis zur nächsten Stunde, nicht?«
»Ja, das wollen wir, Betty.«
An der Art, wie sie mich anschaut, merke ich, daß eine andere Frage sie bedrängt.
»Wen habe ich wohl lieber, meine Mami oder dich?«
An ihrem Gesichtsausdruck erkennt man, daß eine gewisse Unruhe der Beweggrund zu dieser Frage ist.
Betty schaut mich eindringlich an. Die Antwort auf ihre Frage erscheint ihr sehr wichtig. Sie wiederholt: »Wen habe ich wohl lieber, meine Mami oder dich?«
»Ich habe dir doch schon einmal gesagt, daß die Kraft zum Lieben immer größer wird, je mehr Menschen man liebt. Und wenn du auch andere Menschen oder auch mich liebhaben kannst, wirst du deine Mami noch mehr lieben können . . . So ist das nun mal mit der Liebe.«
Immer, wenn Antworten den Kern treffen, tritt danach ein Schweigen ein.

Sie überlegt und sagt dann den, so kann man sagen, weisen Satz: »Je mehr Menschen man liebt, um so weniger Angst braucht man dann zu haben.«
»So ist es, Betty!«
Sie denkt weiter: »Und wenn man gar nicht lieben kann, hat man große Angst.«
Dann läuft sie zu den Orff-Klängen, schlägt die Töne an und singt wieder dazu:
»Hier oben ist der Himmel und hier unten die Hölle.
Hier oben ist der Friede und hier unten der Tod.
Hier oben ist das Gute und hier unten das Böse.«
»So ist es Betty, alles gehört zusammen, alles gehört zum Leben.«
»Wie hier.« Sie dreht wieder an Peters Kerze. »Auf dieser Seite ist das Gute und auf dieser das Böse.«
»Ja, Betty.«
Sie betrachtet etwas länger mein Gesicht und meint dann: »Warum machst du dir nicht mal einen Pony?«
»Einen Pony, wie deine Mami hat?«
»Ach, bleib man so, wie du bist«, anwortet sie nach kurzem Zögern.
Die ersten Stunden leitete sie zweimal ein mit der ängstlichen Forderung: »Streich deine Haare aus dem Gesicht!« Damals hatte sie Angst vor der sich anbahnenden negativen Mutterübertragung auf mich. Davor braucht sie jetzt keine Angst mehr zu haben, ein Zeichen, daß in ihrem Unterbewußten ein positives Mutterbild entstanden ist.
»Sag mal«, fährt sie fort, »warum spielst du immer mit mir, warum komme ich überhaupt zu dir?«
»Als du kamst, Betty, hast du oft so schlimm geträumt.«
»Ja und jetzt«, fällt sie mir keck ins Wort, »jetzt träume ich überhaupt nichts mehr. Ich möchte auch mal ganz was Schönes träumen.«
Sie wechselt nun wieder das Thema.
»In zwei Wochen fahren meine Mami und Papi, Sebastian und ich weit, weit weg in die Ferien. Darauf freue ich mich ja schon so.

Dann werden wir uns lange nicht sehen . . . Wer spielt denn dann mit dir?«

»Du weißt doch, daß ich nicht allein bin, Betty. Ich habe schon gedacht, daß du jetzt schon mal mehr Zeit für andere Dinge brauchst und darum nicht mehr so regelmäßig in jeder Woche zu mir kommen solltest. Was meinst du dazu?«

»Ich kann es ja machen, wie ich gerade will. Wenn ich mal Lust habe, zu dir zu kommen, dann rufe ich dich vorher an.«

»Genauso wollen wir es machen, Betty. Und nun kommst du in der nächsten Woche noch einmal, und dann geht's auf die große Reise.«

»Ich werde dir auch schreiben«, sagt sie mir beinahe tröstend.

Als sie sich verabschiedet, gibt sie mir zum ersten Mal einen Kuß.

Lisa, die draußen schon wartet, gibt mir dann noch einen Umschlag mit Bildern, die Betty in der vergangenen Woche zu Hause gemalt hat.

Auf einer grünen Wiese weidet eine Kuh (Bild 24). Sie hat pralle Euter, sie kann Milch geben, und vom Himmel strahlt die Sonne. Es paßt trefflich zu dem Sceno, den Betty gerade gebaut hatte. Ein positives Mutterbild hat sich in ihrem Unbewußten gebildet.

Dann ein großer bunter Schmetterling, die Flügel übersät mit fröhlichen, farbigen Tupfen.

Als letztes ziehe ich ein Bild mit einem von vielen Herzchen umrahmten großen Herzen heraus, das Betty offenbar liebevoll für ihre Mutter gemalt hat (Bild 25). »Liebe Mami ich bin sehr Glücklich« ist darauf zu lesen.

»Aber was ich dir jetzt male, ist am allerschönsten!«

Heute kommt Betty zum letzten Mal vor den Ferien und, wie sich später herausstellte, überhaupt zum letzten Mal als Patient. Sie kommt sehr fröhlich in den Raum und sagt sogleich:
»Du weißt doch, daß meine Mami und Papi, Sebastian und ich für lange Zeit verreisen?«
»Das weiß ich, Betty, darüber haben wir doch in der letzten Stunde gesprochen.«
»Ach ja«, antwortet sie und setzt sich sogleich in die Schaukel.
»Bist du traurig, daß du mich nun lange nicht mehr siehst?«
»Traurig nicht, Betty, ich freue mich, wenn ihr alle zusammen eine ganz schöne Ferienzeit habt. Aber ich werde oft an dich denken!«
»Das mußt du aber auch«, sagt sie mit Nachdruck, »und damit du es nicht vergißt, werde ich heute ganz viel für dich malen.«
Schon steht sie mit einem Stück Kreide in der Hand vor der Tafel.
»Ich male dir jetzt eine ganz lustige, lange Geschichte: Dieses hier ist die Hunde-Mutter . . . und dieses der Hunde-Vater . . . Dieses ist die große Hunde-Schwester . . . und dieses der kleine Hunde-Bruder.«
Blitzschnell hat sie die vier Figuren mit nur wenigen Strichen an die Tafel gemalt. Es geht nun weiter:
»Die Hunde-Schwester hat den Hunde-Bruder sehr lieb . . . sie bringt ihn durch Späße oft zum Lachen . . . einmal läuft der kleine Hunde-Bruder fort . . . er kommt in Gefahr . . . die Schwester sucht ihn . . . sie findet ihn . . . danach tollen beide über die Wie-

sen und Wälder und finden wieder zu ihren Hunde-Eltern zurück.«
Sie schaut mich fröhlich an: »Wie gefällt dir diese Geschichte?«
»Die mag ich ganz besonders gern, Betty.«
»Wirst du sie auch nicht so schnell auswischen?«
»Nein, das werde ich bestimmt nicht tun.«
»Dann will ich dir jetzt noch etwas ganz Schönes auf Papier malen.«
Mit großem Eifer holt sie sich Zeichenblock und Kreide. Sie malt eine große ovale Form: »Das ist ein Ei.«
Sie malt noch ein zweites Ei, das oben ein kleines Loch hat. »Darinnen sitzt ein Küken, es hat schon ein Loch gepickt, weil es ausschlüpfen will.«
Als drittes Bild malt sie ein zerbrochenes Ei, aus dem gerade, wie sie sagt, ein Küken herausgeschlüpft ist.
Sie schaut mich stolz an: »Wie gefällt dir das?«
»Das finde ich genauso schön wie die Hundegeschichte«, sage ich. »Ein Küken ist soeben geboren, nicht wahr?«
»Ja, ein Küken hat Geburtstag.«
Dann geht sie zum Topf mit Lehm, stülpt ihn um und formt aus der großen Masse eine mächtige Kugel. Sie ist ausgesprochen fröhlich bei dieser Arbeit. Dann rollt sie die Kugel unter die Schaukel, stellt sich auf das Schaukelbrett und schwingt sich voller Freude in die Höhe.
»Das ist eine Weltkugel«, ruft sie aus, »und ich fliege, ich fliege, ich fliege über sie hinweg.«
Sie schaukelt eine Weile, mit kräftigen Schwüngen schafft sie es manchmal, daß ihre Zehenspitzen die Decke berühren.
»Wie lange kennen wir uns schon, Frau Ude?« ruft sie mir aus der Höhe entgegen.
»Was glaubst du denn, Betty?«
»Es muß schon ganz, ganz lange sein, ich weiß nicht, wie lange.«
»Du gingst noch nicht in die Schule, Betty. Vier Wochen vor Schulbeginn kamst du zu mir, und heute bist du schon beinahe acht Monate in der zweiten Klasse.«
»Sooo lange kennen wir uns? Dann bist du ja meine älteste Freun-

din. Die Lilli kenne ich noch nicht so lange, die habe ich ja erst in der Schule kennengelernt.«
Dann springt sie aus der Schaukel.
»Jetzt weiß ich, was ich noch Schönes male.«
Sie hockt auf der Erde und malt auf die große Bodenfläche einen riesigen Regenbogen mit allen seinen Farben.
»Wie gefällt dir das?« ruft sie freudig aus.
»Wunderbar, Betty!«
»Was von allem, was ich heute gemalt habe, ist das Schönste?«
»Alles ist gleich schön, Betty.« Sie sieht, wie glücklich ich bin.
»Aber was ich jetzt male, ist am allerschönsten, und das kannst du dir auch in deine Wohnung hängen.«
Mit ganz schnellen Strichen malt sie nun ein tanzendes Mädchen aufs Papier, sich selbst in ihrem blaugetupften Kleidchen und mit den langen braunen Haaren (Bild 26).
»Und wie gefällt dir das?« Sie strahlt mich an.
»Das Bild ist das schönste von allen, Betty, und auch das schönste Geschenk, das du mir geben konntest.«
»Und wo wirst du es aufhängen?«
»Oben in meiner Wohnung, wo ich es oft anschauen kann.«
»Das ist schön, Frau Ude, und wenn ich dich besuche, dann zeigst du mir, wo du es aufgehängt hast.«
Bettys Stunde ist wie im Fluge vergangen.
»Tschüüüüß, Frau Ude«, sagt sie heute und gibt mir einen Kuß, »und mach es dir auch ein bißchen schön.«
»Tschüß, Betty, und recht schöne Ferien.«
Die Tür fällt ins Schloß.
Als ob sie ahnt, daß dies heute ihre letzte Stunde war, steckt sie dann noch einmal den Kopf durch die Tür:
»Tschüüüühüüüüß!«
»Tschüß, Betty!«
Sie kann sich ganz leicht lösen . . . Glücklich stürmt sie davon, um mit Lisa heimwärts zu fahren.

Brief von Bettys Mutter

Zwei Monate später bekomme ich per Post ein großes Foto von Betty geschickt. Dazu ein paar Zeilen von Bettys Mutter:
»Für das vergnügte Lächeln Ihres Spielkindes danken Ihnen, liebe Frau Ude, von ganzem Herzen

Ihre Barbara und Walter Bonsart.«

Ich stelle Bettys Bild unter ihr »Tanzendes Mädchen« und bin glücklich und erleichtert – doch auch nachdenklich zugleich: Trotz der erfolgreichen Behandlung steht Betty und ihren Eltern wohl noch eine lange, schmale Gratwanderung bevor.

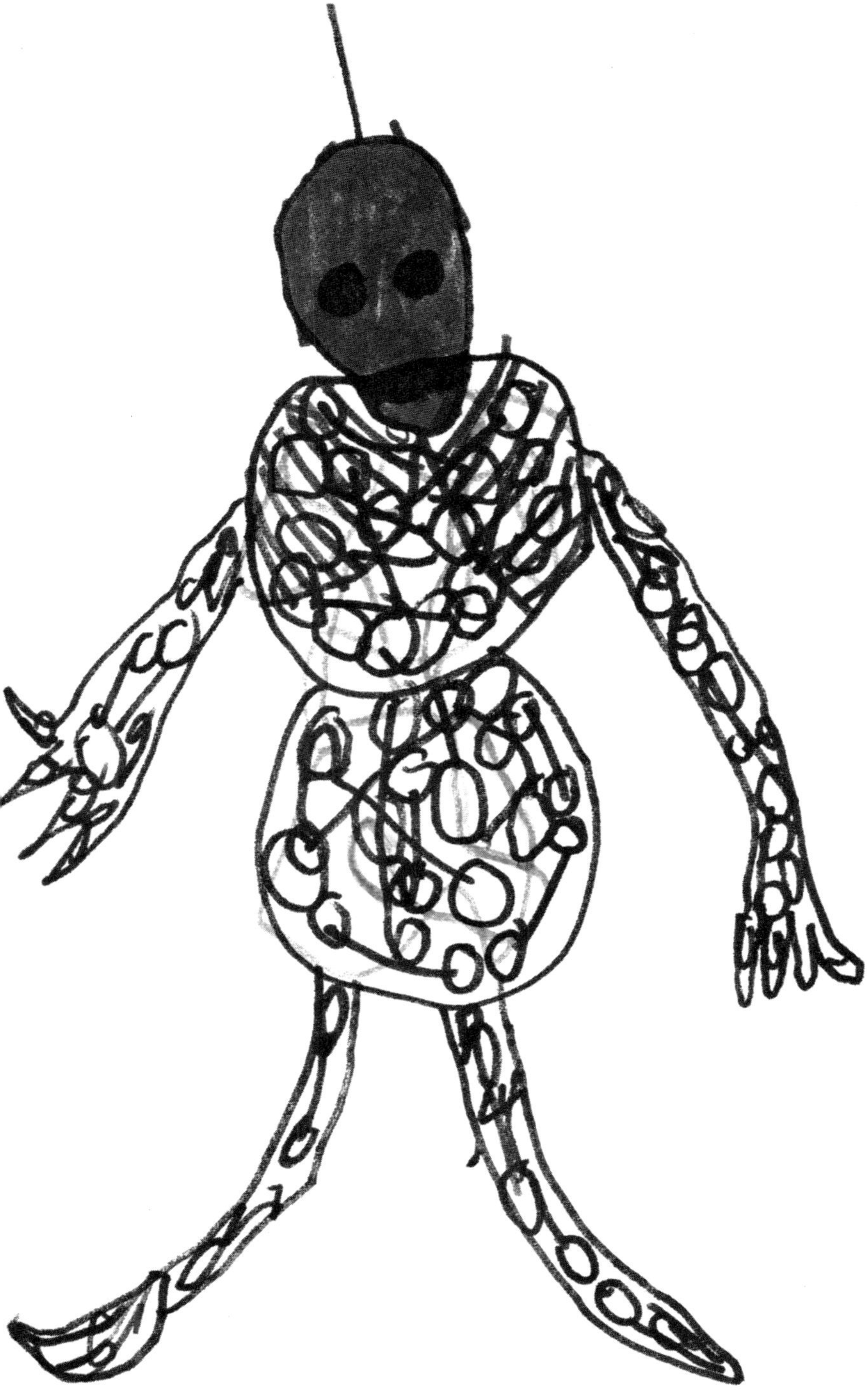

d 1: Strangulierter Totenmann

Bild 2: Totenmann mit abgehackten Gliedern

Bild 3: Geist mit zwei Kinderskeletten

ild 4: Krokodile mit zwei Kinderskeletten

ld 5: Geier mit Kindern

Bild 6: Ein großer Geist beißt Kind ins Blut

Bild 7: Mädchenkopf mit Mäusen und Spinnen

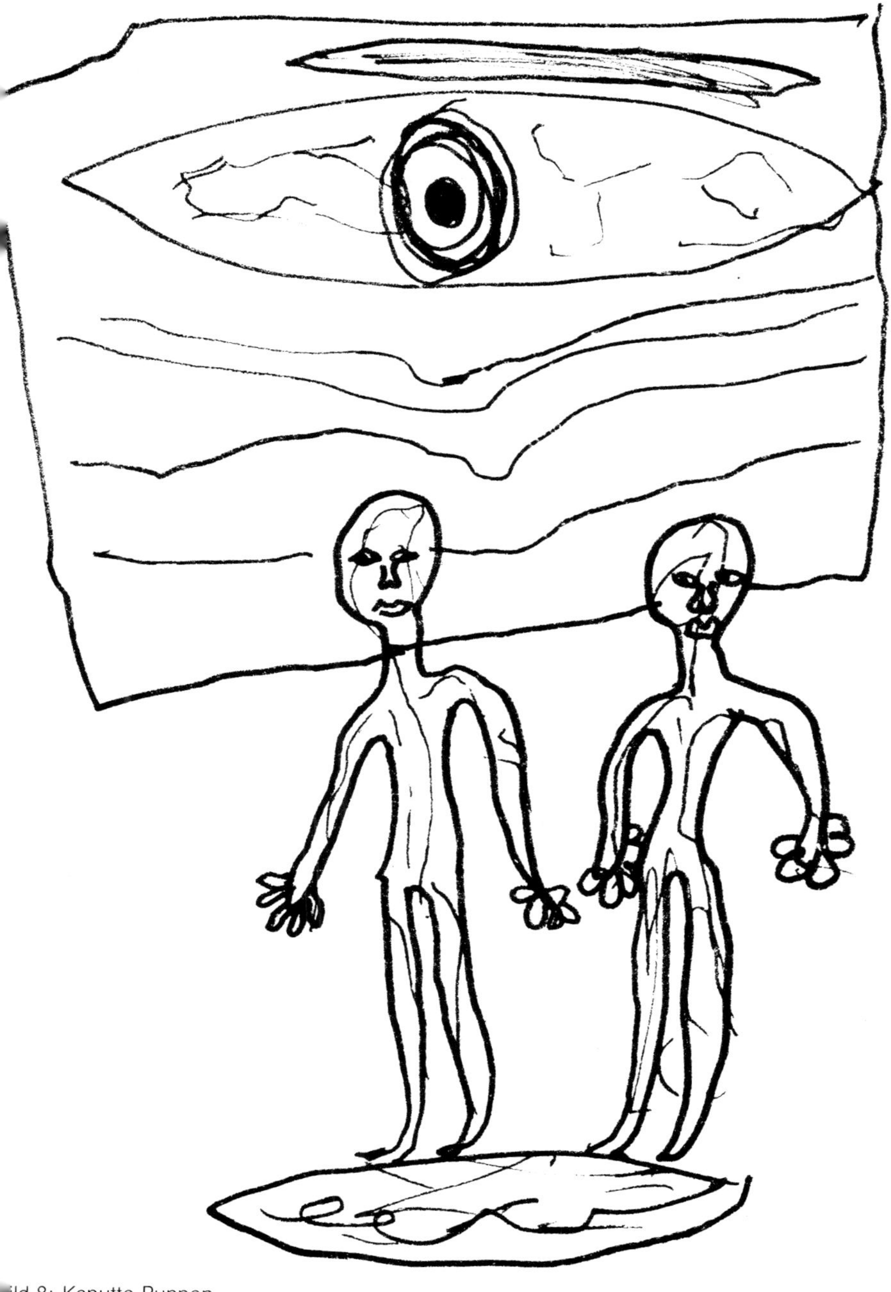

ild 8: Kaputte Puppen

Bild 9: Embryo

'd 10: Indianermädchen am Kreuz

Bild 11: Ein Frauenbild

Bild 12: Ratte im Geist

d 13: Sonne mit bösen Fingern

Bild 14: Gorgonenhaupt

Bild 15: Dinosaurier

d 16: Selbstdarstellung als stummes Schulmädchen

Bild 18: Ein Riesenkrokodil

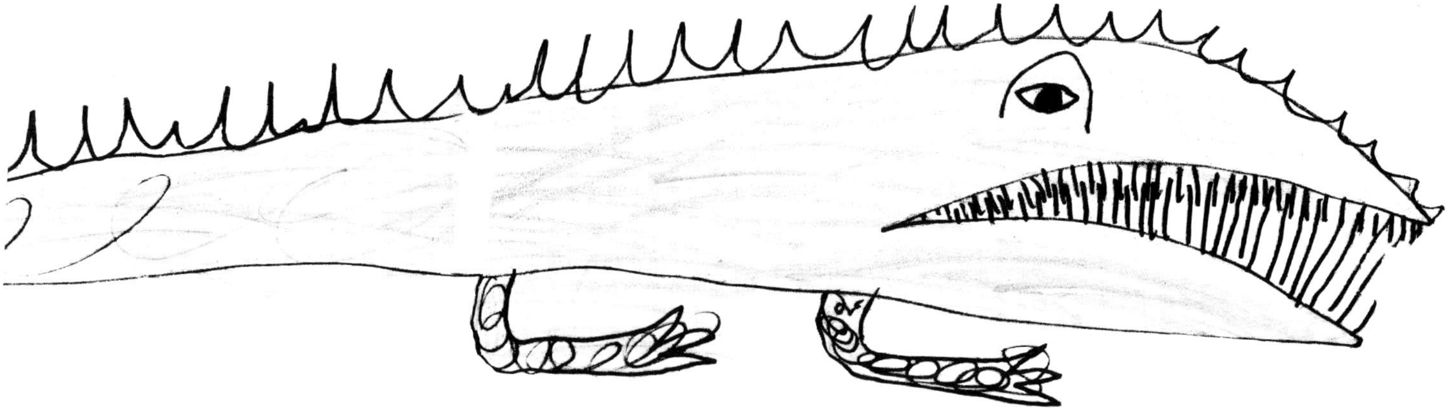

Bild 19: Weiblicher Hund

Bild 20: Mädchen mit Penis – Geist im Badezimmer

Bild 21: Geburt und tanzender Tod

ld 22: Hexen

d 23: Herz – Arzt

d 24: Kuh auf der Wiese

Bild 25: Herz für Mami

Bild 26: Ein tanzendes Mädchen